COLD NOODLES

찬
국
수

COLD NOODLES

찬
국
수

요리 • 용동희

Green Home

장아찌비빔국수

참치캔과 냉장고 속 고추장아찌만 있으면
휘리릭 뚝딱 만들 수 있는 국수 레시피입니다.
고추장아찌로 새콤하고 매콤한 맛을 손쉽게 낼 수 있어요.

재료　　오이 ½개　　[양념장]　　참기름 1작은술
소면 2인분　　　　　　　　간장 1½큰술
고추장아찌 4개　　　　　　장아찌 국물 2큰술
참치캔 중간크기 1캔　　　　식초 1큰술
　　　　　　　　　　　　　설탕 2작은술

국수 만들기
① 고추장아찌는 굵직하게 다지고, 오이는 곱게 채 썬다.
② 참치캔은 기름을 제거한다.
③ 양념장 재료를 모두 섞고, 소면은 삶아서 찬물에 헹군다.
④ 소면을 다진 고추장아찌, 양념장과 함께 버무려 그릇에 담고, 참치와 오이를 올린다.

왼쪽은 준비할 재료 사진으로 재료의 손질 방법을 보여줍니다.
재료 사진에서는 1인분 기준이지만,
레시피에서는 만들기 편하도록 2인분 기준입니다.
입맛에 따라 가감되는 소금, 후추, 오일(식용유) 등은
공통적으로 재료 사진에 넣지 않았습니다.

국수를 삶아서 재료와 함께 양념이나 소스, 국물 등을 넣어 요리하면
오른쪽과 같은 훌륭한 국수 요리가 완성됩니다.

●

재료와 레시피에서
1컵은 200㎖, 1큰술은 15㎖, 1작은술은 5㎖입니다.
입맛에 따라 소금과 후추로 나머지 간을 합니다.
재료 중 오일(식용유)은 각자가 사용하는 카놀라유, 포도씨유, 현미유 등 어느 것을 사용하든 상관없습니다.

●

국수 1인분은 개인차가 있겠지만,
일반적으로 건면 80~100g, 생면 150g, 숙면 200g을 기준으로 합니다.
특히, 건면은 지름 2.5㎝의 원 안에 들어가는 분량으로 가늠하면 알기 쉽습니다.
이 책에서 건면 1인분은 80g입니다.

CONTENTS

- 이 책을 보는 방법　　4
- 프롤로그　　8
- 찬국수 어떻게 만들까?　　10
- 국수 이야기　　12
- 국물 내기　　14
- 양념장 & 소스 만들기　　18
- 편리한 시판 제품　　22
- 고명 만들기　　24
- 곁들이면 좋은 음식　　30
- 국수를 담는 방법　　34
- 국수를 내는 방법　　36

소면

- 소면 이야기　　40
- 소면 종류　　42
- 소면 삶기　　44
- 간장비빔국수　　46
- 골동면　　48
- 두부비빔국수　　50
- 장아찌비빔국수　　52
- 국수냉채　　54
- 김치비빔국수　　56
- 무채비빔국수　　58
- 열무비빔국수　　60
- 나물비빔국수　　62
- 낙지비빔국수　　64
- 김치말이국수　　66
- 아삭야콘소면　　68
- 매콤두반장면　　70
- 콩국수　　72
- 물회국수　　74
- 동치미국수　　76
- 오이미역냉소면　　78
- 중국식 냉면　　80

COLD NOODLES

라면

- 라면 이야기   84
- 라면 종류   86
- 라면 삶기   88
- 히야시라멘   90
- 채소비빔라면   92
- 쓰케멘   94
- 카레향라면   96
- 오징어비빔라면   98

파스타

- 파스타 이야기   126
- 파스타 종류   128
- 파스타 삶기   130
- 냉파스타 소스 만들기   132
- 샐러드바 냉파스타   134
- 살사파스타   136
- 구운버섯 파스타   138
- 연어샐러드파스타   140
- 바질파스타   142
- 시치미파스타   144

냉면

- 냉면 이야기   102
- 냉면 종류   104
- 냉면 삶기   106
- 냉면 만드는 요령   108
- 냉면 고명 만들기   110
- 냉면 양념장 만들기   112
- 물냉면   114
- 열무냉면   116
- 비빔냉면   118
- 북어포비빔냉면   120
- 불고기냉면   122

우동 & 메밀국수

- 우동 & 메밀국수 이야기　148
- 우동 & 메밀국수 종류　150
- 우동 삶기　152
- 메밀국수 삶기　154
- 수란시금치우동　156
- 해물우동샐러드　158
- 명란비빔우동　160
- 깨소스우동　162
- 샤브샤브우동　164
- 낫토소바　166
- 장어비빔국수　168
- 초계국수　170
- 메밀장국과 막국수양념장　172
- 강원도막국수　174
- 쟁반국수　176
- 판메밀　178
- 냉메밀　180
- 냉우동　182

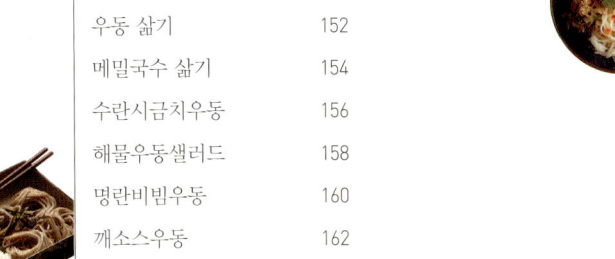

기타국수

- 기타국수 이야기　186
- 기타국수 종류　188
- 쌀국수 삶기　190
- 버미셀리　192
- 차돌냉쌀국수　194
- 얌운센　196
- 비빔곤약면　198
- 골뱅이쫄면　200
- 비빔칼국수　202
- 부산비빔당면　204
- 묵국수　206

PROLOGUE

늦은 밤
하루 일정을 끝내고 호텔에 들어가기 전,
작은 라면집에 들러
주방장 앞 카운터에 혼자 앉아
히야시라멘과 맥주 한 병을
"후루룩 후루룩, 쭉~~캬~~"
먹던 추억 속 라면은
내가 먹어본 국수 중 가장 큰 감동이고
추억 속 그 어떤 것보다도
소중한 존재이다.

남들은 밥을 먹어야 힘이 난다는데,
난 국수를 먹으면 없던 힘도 생기는 사람이다.

입술을 동그랗게 만들어
깊숙이 힘차게 빨아들일 준비를 하고
면발을 입에 넣는 순간
"준비- 땅" 하기 무섭게
무서운 속도로 빨려 들어가는
길고, 매끄럽고, 야무진 국수를
어떻게 사랑하지 않을 수 있을까?

우리 맛있는 국수 한그릇으로 힘내볼까요.

2014년 여름을 준비하며
용동희

HOW TO COOK THE COLD NOODLES?

SELECT
메뉴 : 매운비빔국수, 간장비빔국수, 냉면, 판메밀 등

PICK THE NOODLE
국수 종류 : 냉면, 라면, 쌀국수, 소면, 파스타 등

ADD MAIN INGREDIENT
주재료 : 쇠고기, 닭고기, 새우, 오징어, 무 등

ADD SUB INGREDIENT
부재료 : 잎채소, 양파, 토마토, 버섯 등

ADD POINT INGREDIENT
고명 : 달걀지단, 오이채, 견과류, 김, 가쓰오부시 등

ADD SAUCE OR SOUP
양념장 OR 국물 : 간장소스, 고추장양념장, 깨소스, 약고추장, 두반장소스 등

찬국수 어떻게 만들까?

사람들이 밥만큼이나 좋아하고 즐겨 먹는 것이 국수이다.
밥에 남은 반찬을 넣어 쓱쓱 비벼 먹어도 맛있는 한 끼 식사가 되듯이,
국수에 냉장고 속 재료를 취향에 맞게 넣어 쓱쓱 비비거나, 무치거나, 국물에 말기만 해도
충분히 훌륭한 한 끼 식사가 된다. 게다가 국수는 밥보다 종류가 다양해서
더 다채로운 국수 요리를 만들 수 있다는 것은 참으로 반가운 일이다.

이제 찬국수 요리를 시작하기 전에
먼저 비빔국수를 먹을지, 국물국수를 먹을지 결정한다.
그리고 우리 집에 어떤 국수가 있는지 확인하고, 굳이 마트에 갈 필요 없이
냉장실이나 냉동실에 꼭꼭 숨어 있는 주재료를 찾는다.
냉장고 채소실에 한두 가지 남아 있는 채소도 손질하고, 조금 더 모양을 내고 싶다면
달걀로 지단을 부치거나 김을 구워서 부숴놓는다.
이렇게 준비한 재료에 레시피대로 양념이나 소스 또는 육수를 섞어 넣으면 완성!
각 단계별로 한 가지 재료만 있어도, 푸짐하고 훌륭한 국수 요리를 만들 수 있다.

국수
이야기

국수는 재료, 만드는 방법, 국수를 만든 다음의 처리 방법에 따라 여러 종류로 나뉜다. 세계의 모든 국수를 분류하는 것은 무리가 있겠지만, 대표적 분류법에 따르면 어떤 종류가 있는지 알아본다.

재료에 따라 밀면, 메밀면, 녹말면 등
밀면은 밀가루로 만드는 국수이다. 밀의 재배 품종이나 환경에 따라 밀 단백질인 글루텐 함량이나 성질이 달라지고 국수 종류도 달라진다. 대표적인 것이 소면과 파스타이다. 메밀면은 끈기가 없는 메밀가루로 만들기 때문에 메밀가루 100%로 만들 경우 툭툭 끊어지는 성질이 있다. 그래서 밀가루나 녹말가루를 섞어서 익반죽하여 만드는데, 밀가루나 녹말가루가 많이 들어갈수록 면발이 덜 끊어진다. 녹말면은 녹두, 고구마, 옥수수, 칡, 도토리, 밤 등의 녹말로 국수를 만든다. 보통 밀가루나 메밀가루를 섞어서 만들며, 고구마나 감자의 녹말로 만드는 것으로는 냉면과 당면이 대표적이다.

만드는 방법에 따라 납면, 압면, 소면, 수연면, 절면, 하분 등
국수는 잡아 늘이고, 눌러서 뽑고, 밀어서 칼로 써는 등 다양한 방법으로 만들며, 만드는 방법에 따라 납면拉麵, 압면押麵, 소면素麵, 수연면手延麵, 절면切麵, 하분河紛 등으로 부른다.
납면은 반죽을 바닥에 내려치며 양쪽에서 당기고 늘여 여러 가닥으로 만든다. 다른 이름으로 수타면이라고도 한다. 대표적으로 중국의 중화면과 일본의 라멘이 있다. 압면은 구멍 뚫린 틀에 반죽을 밀어 넣어 끓는 물에 삶아내는 국수이다. 주로 끈기가 적은 메밀이나 쌀, 옥수수 등으로 많이 만든다. 삶는 과정에 호화를 일으켜 점성이 생기는 것이 특징이다. 대표적으로 냉면과 당면이 있다. 소면은 밀가루 반죽을 길게 늘여 막대기에 감은 다음, 잡아당겨 가늘게 만드는 국수이다. 한국과 일본의 소면, 중국의 선면이 대표적이다. 수연면은 소면의 하나로, 숙성 정도에 따라 달라지는 밀가루의 점성을 이용하여 손으로 한 올 한 올 늘여서 만든다. 그날그날 변하는 온도와 습도, 일조량에 따라 염도와 숙성 시간을 조절하는 고도의 숙련된 기술과 오랜 경험의 수작업이 필요하다. 대표적으로는 수연소면이 있다. 절면은 손으로 반죽한 것을 밀대로 얇게 밀어 펴서 칼로 썰어 만든다. 대표적으로 칼국수와 일본의 우동, 소바가 있다. 하분은 쌀가루를 묽게 반죽하여 얇게 펴서 찐 다음, 건조시켜서 기름을 발라 칼로 자른 국수이다. 동남아시아 등에서 즐겨 먹는 쌀국수가 대표적이다.

국수의 처리 방법에 따라 건면, 생면, 숙면, 냉동면 등
만들어진 국수를 처리하는 방법에 따라서도 국수 종류가 다양하게 나뉜다. 먼저, 국수의 수분을 14~15% 정도로 건조시킨 것을 건면, 반죽을 끈모양으로 늘인 그대로의 상태를 생면, 생면을 가열한 것을 숙면, 생면 또는 숙면을 급속 동결시킨 것을 냉동면이라 한다. 이 밖에 인스턴트 라면처럼 기름에 튀겨서 건조시킨 유탕면도 있다.

육수 내기

음식에서 맛을 좌우하는 중요한 요소 중 하나가 육수이다. 그래서 요리를 할 때 진하고, 깊고, 맛깔스럽게 육수를 직접 만들어 사용하면 좋겠지만 만드는 데 시간과 정성이 많이 들어가기 때문에 매번 육수를 만들어 사용하기가 쉽지 않다. 대신 냉수로 대체하고 양념에 공을 들이는 방법도 있는데, 그보다는 육수를 만들 때 일주일 또는 그 이상 사용할 양을 미리 만들어서 냉장고 또는 냉동실에 보관해두고 사용하면 어떨까? 매번 육수를 만드는 수고도 덜고, 음식의 맛과 가족의 건강도 지킬 수 있다.

멸치 & 다시마 육수

물 10컵, 다시마 10㎝×10㎝ 1장, 멸치 30g, 청주 1큰술

1 다시마와 멸치를 젖은 행주로 닦고, 멸치 내장을 제거한다.
2 냄비에 멸치를 넣고 약한 불에서 볶다가 물, 다시마를 넣고 끓인다.
3 끓기 시작하면 다시마를 건져내고, 뚜껑을 연 상태로 10분간 더 끓인다. 너무 오래 끓이면 다시마에서 끈적한 점액이 나오고, 멸치에서 쓴맛이 나올 수 있다.
4 냄비의 국물을 고운 체 또는 면보자기에 내린 다음 청주를 넣고 식힌다. 청주가 멸치의 비린내를 잡아주고 깔끔한 맛을 더한다.

쇠고기육수

물 12컵, 쇠고기 양지머리 300g, 대파 1대, 마늘 3톨, 통후추 5알

1 쇠고기는 찬물에 30분 정도 담가 핏물을 뺀다.
2 냄비에 물을 붓고 쇠고기, 대파, 마늘, 통후추를 넣어 끓인다. 쇠고기육수를 만들 때는 고기를 반드시 찬물에 넣어 끓여야 맛이 잘 우러난다.
3 위에 떠오르는 거품을 걷어내고, 한소끔 끓으면 불을 줄이고 뚜껑을 덮어 은근하게 30분 이상 끓인다. 육수가 검은색이 날 경우, 다시마 10㎝×10㎝ 1장을 넣어주면 국물이 맑아진다.
4 냄비의 국물을 고운체 또는 면보자기에 내려 식힌다.

가쓰오부시육수

물 10컵, 다시마 10cm×10cm 1장, 가쓰오부시 30g
1. 다시마는 젖은 행주로 닦는다.
2. 냄비에 물과 다시마를 넣고 끓이는데, 끓기 시작하면 다시마를 건져낸다.
3. 불을 끄고 가쓰오부시를 넣은 다음 뚜껑을 덮고 1시간 이상 둔다. 가쓰오부시는 같이 넣고 끓이면 비린 맛이 날 수 있으므로 불을 끄고 나서 넣는다.
4. 가쓰오부시가 가라앉으면 20분 뒤 냄비의 국물을 면보자기에 내려 식힌다.

닭고기육수

물 12컵, 닭고기 작은 것 1마리, 대파 1대, 마늘 3톨, 통후추 5알, 청주 2큰술
1. 닭고기는 기름과 내장을 제거하고 깨끗이 손질하여 적당한 크기로 토막을 낸다.
2. 냄비에 물을 붓고 닭고기, 대파, 마늘, 통후추를 넣어 끓인다.
3. 위에 떠오르는 거품을 걷어내고, 한소끔 끓으면 불을 줄이고 뚜껑을 덮어 은근하게 30분 이상 푹 끓인다.
4. 냄비의 국물을 고운체 또는 면보자기에 내리고 청주를 넣어 식힌다.

육수 내기

채소육수

물 10컵, 양파 ½개, 대파 1대, 무 1도막(3cm 길이), 배추 3장
1. 양파, 대파, 무, 배추를 큼직하게 자른다.
2. 냄비에 물을 붓고 양파, 대파, 무, 배추를 넣어 끓인다.
3. 한소끔 끓으면 불을 줄이고 뚜껑을 덮어 채소들이 부드러워질 때까지 끓인다.
4. 냄비의 국물을 고운체 또는 면보자기에 내려서 식힌다.

황태육수

물 10컵, 황태머리 1개, 다시마 5cm×5cm 1장, 마른 새우 1줌, 청주 1큰술
1. 황태머리는 젖은 행주로 닦는다.
2. 냄비에 물을 붓고 황태머리, 다시마, 마른 새우를 넣어 끓이는데, 끓기 시작하면 다시마를 건져낸다.
3. 뚜껑을 연 상태로 10분 정도 더 끓여서 냄비의 국물을 고운체나 면보자기에 내리고 청주를 넣어 식힌다.

*
육수보관법

육수는 한 번에 많은 양을 만들어 냉장 또는 냉동 보관하는데, 각 보관 용기의 특징과
보관 방법을 알아두면 보다 안전하고 편리하게 사용할 수 있다.
보관할 때는 육수를 완전히 식힌 다음 1주일 안에 사용할 것은 냉장 보관하고, 그 이상 사용할 것은 냉동 보관한다.

보관 용기　1주일 안에 사용할 육수는 1회 사용할 양만큼씩 보관 용기에 각각 담아 보관한다.
지퍼백　　1주일 안에 사용하지 않을 육수는 튼튼한 지퍼백에 넣어 냉동 보관한다.
우유팩　　1회 사용할 분량의 육수 200㎖를 깨끗이 씻은 우유팩에 넣어 냉동하면 사용할 때 우유팩 종이를 찢을 수 있어
　　　　　　꺼내기가 매우 편리하다.
네임태그　육수를 만든 날짜와 육수 이름을 적어둔다. 냉동을 해도 변하지 않는 것이 아니므로
　　　　　　냉장은 1주일 안에, 냉동은 1개월 안에 모두 사용한다.
아이스케이스　양념이나 소스에 사용할 2~3큰술 정도의 육수는 아이스케이스에 얼려서 지퍼백에 옮겨 담아 보관하면 편리하다.

양념장 & 소스 만들기

ONLY MIXING
: 간단히 섞는 종류(2인분)

SOY SAUCE
간장양념장

간장 4큰술
설탕 1½큰술
참기름 1½큰술
통깨 2작은술

GOCHUJANG
고추장양념장

고추장 4큰술
고춧가루 2큰술
식초 2큰술
올리고당 2큰술
참기름 1큰술
간장 ½큰술
설탕 ½큰술
통깨 조금

SESAME
참깨소스

땅콩버터 1½큰술
식초 2큰술
맛술 2큰술
미소 ½큰술
간장 1작은술
참깻가루 1작은술
설탕 1작은술

양념장 & 소스 만들기

COOLING AFTER BOILING
: 끓여서 식히는 종류(2인분)

GOCHUJANG
약고추장

다진 쇠고기 2큰술
고추장 2큰술
다진 마늘 1작은술
매실액 1큰술
물 1큰술
올리고당 1작은술
참기름 1작은술

1 팬에 식용유를 두르고 약한 불에서 다진 마늘과 다진 쇠고기를 볶는다.
2 고추장을 넣고 좀 더 볶는다.
3 약한 불에서 뭉근하게 볶는다.
4 매실액, 물, 올리고당, 참기름을 넣어 똑똑 떨어질 정도의 농도가 되게 끓인다.

DOUBANJIANG
두반장소스

다진 돼지고기 50g
다진 마늘 1큰술
다진 대파 흰대 ½대 분량
다진 생강 1작은술
다진 양파 3큰술
다진 청양고추 3큰술
다진 홍고추 1큰술
두반장 1½큰술
맛술 1큰술
물전분 1큰술
고추기름 2작은술
간장 1작은술
설탕 1작은술
물 1컵

 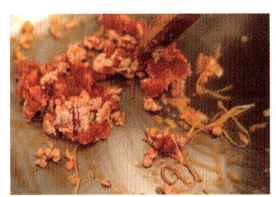  

1 팬에 고추기름을 두르고 다진 마늘, 다진 대파, 다진 생강을 넣고 볶아 향을 낸다.
2 맛술과 간장을 넣고, 다진 양파와 다진 돼지고기를 넣어 볶는다.
3 두반장과 설탕을 넣고 볶다가 물, 다진 청양고추와 홍고추를 넣어 한소끔 끓인다.
4 물전분으로 농도를 맞춘 다음 불을 끄고 식힌다.

편리한 시판 제품

요리에서 재료만큼 중요한 것이 양념이다. 단맛, 짠맛, 매운맛을 어떻게 적절히 조화를 이루느냐,
어떻게 깊은 맛을 내고 맛의 포인트를 주느냐에 따라 요리의 맛과 질이 달라지기 때문이다.
국수에도 다양한 양념이 들어가는데, 이런 양념을 직접 만들어 쓸 수도 있지만
쉽고 간단하게 만들어 먹는 국수의 특성상 시판 제품을 이용하는 것도 좋은 방법이다.
각 제품의 특징에 대해 잘 알아보고 적절히 이용하도록 한다.

피시소스 동남아시아 요리에 많이 사용하는 조미액젓으로 생선을 소금에 절여 발효시켜 만든다. 독특한 풍미가 있으며, 간을 맞출 때 사용하면 좋다. 없으면 멸치액젓으로 대체할 수 있다.

고추냉이 & 겨자 톡 쏘는 맛이 나며 조금만 넣어도 효과가 크다. 느끼한 맛과 향을 잡아준다.

치킨스톡 닭고기육수 대신 간편하게 사용할 수 있는 제품. 물 1컵에 ¼개 정도만 넣어도 충분히 맛이 난다.

바질페스토 바질을 올리브오일과 함께 곱게 갈아 만든 제품. 바질을 구하기 어려운 경우에 유용하다.

해선장 콩과 향신료로 만든 짭조름하면서 달달한 맛의 소스. 육류나 해산물에 모두 잘 어울린다.

두반장 삶은 콩에 곱게 간 고추와 향신료를 넣어 발효시킨 중국 고추장. 맵고 깊은 맛이 있다.

굴소스 중국요리의 기본 양념. 생굴을 소금물이나 간장에 넣어 발효시켜 만들며, 음식의 간을 맞추거나 독특한 향과 맛을 더할 때 사용한다. 손쉽게 깊은 맛을 낼 수 있다.

멸치한스푼 멸치육수를 내기 번거로울 때 사용하면 좋은 제품. 깊은 풍미와 맛이 있으며, 물 1컵에 1큰술 정도가 적당하다.

냉면육수 물냉면의 육수용으로 판매되는 제품. 육수 내기가 번거로울 때 이것을 이용하여 손쉽게 차가운 국물 국수를 만들 수 있다.

고명
만들기

고명은 별것 아닌 것 같지만 자칫 심심해질 수 있는 요리의 맛을 더 풍부하고 맛있게 만들어준다.
종류도 채소류, 달걀류, 견과류, 두부, 김 등 다양해서
취향에 따라 좋아하는 맛을 이용할 수 있다.
자주 사용하는 종류들은 조금 넉넉히 만들어서 밀봉 상태로 냉동 보관하면
필요할 때 간편하게 사용할 수 있으므로 미리 만들어두고 사용하면 좋다.

VEGETABLE
: 채소류

고명으로 오이, 당근, 양파 등의 채소를 썰어 준비하는 경우, 칼로 써는 방법 외에
일반 가정에서 많이 사용하는 채칼이나 필러, 길게 채를 써는 회전채칼 등
여러 가지 편리한 도구를 사용하는 방법도 있다.

칼로 썰기 | 채칼을 이용해 채 썰기 | 필러로 얇게 편 썰기 | 회전채칼로 길게 채 썰기

TIP.
채를 얇게 썰 자신이 없으면 필러로 길고 얇게 편썰기하여 채를 썰어도 좋다.
오이는 씨부분이 많이 무른 경우, 돌려깎기하여 채를 썰거나 회전채칼을 이용하면
무른 씨부분을 제거하고 사용할 수 있다.

고명 만들기

삶은 달걀

EGG
: 달걀류

1 냄비에 달걀이 잠길 정도의 물과 달걀을 넣고, 굵은 소금과 식초 몇 방울을 떨어뜨려 삶는다.
2 삶기 시작한 지 3분이 지나기 전에 나무주걱으로 굴려가며 삶아야 노른자가 가운데 온다.
3 반숙은 7분, 완숙은 12분 정도 삶고, 찬물에 담가 식힌 다음 껍질을 깐다.
   필요한 모양대로 가로 2등분, 세로 2등분 또는 4등분을 하거나 커터기를 사용해 얇게 자른다.

TIP.
달걀을 삶을 때 껍질이 깨지는 경우가 종종 있다.
삶기 10~20분 전에 냉장고에서 꺼내놓아 온도 차이를 줄이면 잘 깨지지 않는다.
또, 달걀을 15분 이상 삶으면 노른자 표면이 푸른색으로 변하므로
15분 이상 삶지 않도록 한다.

달걀지단
지단은 흰자와 노른자를 나눠서 부쳐도 좋고, 원하는 색에 따라 흰자와 노른자의 비율을 달리하여 섞어서 부쳐도 좋다.

  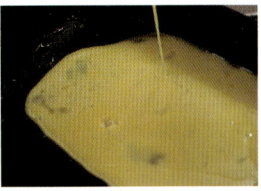 

1 달걀의 알끈을 제거하고 곱게 풀어서 소금으로 약하게 간을 한다.
2 곱게 푼 달걀물을 체에 한번 내린다. 이 과정은 생략해도 좋지만 알끈은 제거하도록 한다.
3 오일(식용유)을 너무 많이 넣으면 지단이 부풀어 오르고 기포가 생기므로 조금만 두르고, 약한 불에서 달걀물을 붓는다.
4 달걀의 수분이 모두 날아가고 표면이 마르면 뒤집지 말고 젓가락으로 들어서 꺼낸다.
   한 김 식혀서 고운 채, 직사각형, 마름모꼴 등 원하는 모양으로 자른다.

고명 만들기

베이컨칩
연어소보로
김채
두부소보로
견과류 가루
김가루

OTHERS
: 기타 종류

땅콩, 잣 등의 견과류는 곱게 다지고,
김은 살짝 구워서 가위로 가늘게 자르거나
비닐봉지에 넣어 부순다.
두부, 베이컨, 연어 등과 같은 신선 재료는
익힌 다음 곱게 다져서 사용한다.

김가루

김을 마른 팬이나 가스불에 직접 살짝 구워서
비닐봉지에 넣고 손으로 비벼 곱게 부순다.

TIP.
조미김을 사용할 경우에는
국수의 간을 조금 심심하게 한다.

두부소보로

1 칼을 눕혀서 두부를 곱게 으깬다.
2 마른 팬에 두부를 넣고 수분이 날아가게 볶는다.
3 수분이 어느 정도 날아가면 오일(식용유)을 적당히 넣고 소금으로 약하게 간하여 센불에서 볶는다.
4 두부가 노릇해지면 다진 견과류를 넣어 섞는다.

곁들이면 좋은 음식

국수 한 그릇으로도
충분히 한 끼 식사가 되지만
뭔가 부족한 느낌이 들 때,
함께 곁들이면 좋은 음식으로는
어떤 것들이 있을까?

* 단무지무침

치자단무지 1도막(8cm 길이),
파채 1줌, 참깨 조금
[양념] 고추기름 1큰술,
참기름 ½큰술, 설탕 ½큰술,
식초 ½큰술, 다진 마늘 1작은술,
고춧가루 1작은술

1 치자단무지는 곱게 채 썰어
   물기를 짠다.
2 치자단무지에 양념을 넣어 무치고
   파채를 넣어 버무린다.
3 참깨를 뿌린다.

TIP.
파채는 숨이 너무 죽지 않고
모양이 살아 있도록 가볍게 버무린다.

* 채소 피클

무 1도막(5cm 길이), 오이 ½개,
당근 ¼개, 통후추 10알,
월계수잎 3장
[단촛물] 물 1컵, 식초 1컵,
설탕 ½컵, 소금 조금

1 무, 오이, 당근은 모두 같은
   크기의 원하는 모양으로 자른다.
2 냄비에 단촛물 재료를 모두 넣고
   바글바글 끓인다.
3 밀폐용기에 무, 오이, 당근을
   켜켜이 넣고 월계수잎, 통후추도
   넣은 다음 단촛물을 붓는다.

TIP.
단촛물은 너무 오래 끓이지 말고,
설탕과 소금이 녹으면 바로 불을 끈다.
담근 것은 2~3일 후부터 먹기 시작한다.

주먹밥

밥 1공기, 후리가케 2큰술,
칵테일새우 8마리, 참기름 1큰술,
소금 조금

1. 따뜻한 밥을 준비하여 소금, 참기름, 후리가케를 넣고 비빈다.
2. 칵테일새우는 끓는 물에 살짝 데친다.
3. 후리가케를 넣어 비빈 밥을 동그랗게 만들고 가운데 새우를 올린다.

오니기리

밥 1공기, 김 ¼장,
스팸 5㎝×5㎝ 2장, 통깨 조금
[양념] 참기름 2작은술, 소금 조금, 통깨 조금

1. 스팸을 팬에 노릇하게 굽는다.
2. 따뜻한 밥에 양념을 모두 넣어 비빈다.
3. 밥을 삼각형으로 만들어 스팸을 올리고 김으로 돌려 싼다.

유부초밥

밥 1공기, 초밥용 유부 8장,
날치알 3큰술, 후리가케 2큰술,
배합초 2큰술

1. 따뜻한 밥에 배합초를 넣어 비빈다.
2. 유부는 물기를 짠다.
3. 배합초로 비빈 밥에 후리가케와 날치알을 넣어 가볍게 섞은 다음 유부 속에 채워 넣는다.

곁들이면 좋은 음식

✱ 오이냉국

오이 ½개, 청양고추 1개,
멸치육수 2컵
[양념] 다진 마늘 ½작은술,
간장 1작은술, 설탕 1작은술,
식초 1큰술, 통깨 조금, 소금 조금

1. 오이는 얇게 채 썰고, 청양고추는 동글납작하게 썬다.
2. 멸치육수에 양념을 넣어 섞은 다음 오이를 넣고 차게 만든다.

✱ 어묵탕

사각어묵 4장, 무 1도막(3cm 길이),
다시마 5cm×5cm 1장, 멸치 10마리,
송송 썬 실파 1큰술, 국간장 ½큰술,
소금·후추 조금씩

1. 무는 납작하게 네모썰기하고, 어묵은 4cm 폭으로 잘라 꼬챙이에 꽂는다.
2. 냄비에 물 4컵과 멸치, 다시마, 무를 넣어 10분간 끓인 다음 멸치와 다시마는 건져낸다.
3. 어묵을 넣어 끓이고 국간장, 소금, 후추로 간을 한다.
4. 실파를 넣어 완성한다.

✱ 콩나물국

콩나물 2줌, 멸치 10마리,
다시마 5cm×5cm 1장,
송송 썬 대파 1큰술,
송송 썬 고추 1큰술,
다진 마늘 1작은술, 고춧가루 1작은술,
국간장 1작은술, 소금 조금

1. 냄비에 물 3컵과 멸치, 다시마, 콩나물을 넣어 10분간 끓인 다음 다시마와 멸치는 건져낸다.
2. 다진 마늘과 고춧가루를 넣고 국간장과 소금으로 간을 한다.
3. 대파와 고추를 넣어 마무리한다.

연어구이

생연어 2도막, 무순 조금,
소금·후추 조금씩

1 생연어는 키친타월로 물기를
  제거하고, 껍질에 칼집을 넣는다.
2 소금, 후추를 뿌려 밑간을 한다.
3 달군 팬에 연어를 올려 앞뒤를
  노릇하게 굽고, 접시에 담아
  무순을 얹는다.

차돌구이

차돌박이 200g, 송송 썬 실파 2큰술,
소금·후추 조금씩

1 달군 팬에 차돌박이를 올려
  소금, 후추로 간하여 굽는다.
2 그릇에 차돌박이를 담고 위에
  송송 썬 실파를 뿌린다.

데리야키치킨

닭날개 6개, 소금·후추 조금씩
[소스] 간장 2큰술, 맛술 3큰술,
올리고당 1큰술

1 닭날개는 소금, 후추를 뿌려
  밑간을 한다.
2 달군 팬에 닭날개를 올려 노릇하게
  굽고, 소스 재료를 모두 섞어서
  끼얹는다.
3 닭날개가 색이 나도록 조린다.

국수를
담는 방법

그릇에 자연스럽게 담는 것도 좋지만, 보기 좋고 먹기도 좋게 조금 색다른 방법으로 담아보자.
한층 더 정성이 가득한 느낌으로 근사한 요리를 대접 받는 기분이 든다.
손님을 초대한 경우에는 특히 신경 써서 메뉴와 잘 어울리는 모양으로 담아보자.

돌려담기 면발을 가지런히 정리하여 잡고
동그란 그릇 모양을 따라 돌려 담는다.

타래지어 담기 국수를 조금 잡고 두 번째 손가락에 감아
동그랗게 타래를 지어 그릇에 놓는다.

젓가락에 감아 담기 국수를 물에 담근 상태에서
들었다 놨다 하며 면발을 정리하여 젓가락에 감는다.
젓가락 끝까지 고르게 잘 감아지면 젓가락을 빼면서
그릇에 담는다.

일자담기 국수를 물에 담근 상태에서
들었다 놨다 하며 면발을 정리하여 그릇에
일렬로 가지런히 담는다.

포크로 돌려담기 파스타처럼 녹말기가 적은 국수는
국수를 그릇에 담고, 가운데 포크를 넣고 돌려 동그란 모양을 만든다.

국수를
내는 방법

국수를 담아 내는 방법이 한 가지라고 생각하겠지만,
국수와 재료와 양념(또는 국물)을 함께 섞어서 내거나 따로 내는 등 그 방법이 모두 같지는 않다.
그리고 어차피 모두 섞여서 맛이 같을 것 같지만 담는 방법에 따라 맛이 조금씩 다를 수 있다.
각기 다른 방법으로 담아 각각의 맛의 차이를 느껴본다.

비빔 : 국수+재료+양념
국수와 재료와 양념을 모두 비벼서 담는다.

부산비빔당면

비빔 : 국수+양념/재료
국수와 양념을 비벼서 그릇에 담고, 다른 재료들을 위에 얹는다.

비빔칼국수

비빔 : 국수/양념/재료
국수를 그릇에 담고 양념(또는 소스)을 뿌린 다음, 다른 재료들을 얹는다.

바질파스타

국물 : 국수/재료/찍어 먹을 장국(찍어 먹기)
국수를 그릇에 담고, 다른 재료와 찍어 먹을 장국을 각각 담아 낸다.

판메밀

국물 : 국수/재료/국물
국수를 그릇에 담고 다른 재료를 올린 다음 국물을 붓는다.

동치미국수

01

소면

SOMEN

소면

소면 이야기

우리가 잔치국수, 비빔국수 등으로 즐겨 먹는 건조 소면은 밀가루로 만든 것이다.
한국에서 처음 만들어진 것이 아니라 중국에서 생겨나 일본에서 완성된 음식이라 할 수 있다.
우리나라에서는 밀가루 반죽한 것을 바로 국수로 만들어 먹는 생면이 주를 이루었으며,
일제시대를 거치면서 부산 지역에서 널리 퍼져나간 것이 지금의 건조 소면이다.

소면은 그 제조법이 널리 보급되면서 대표적인 서민음식이 되었고,
이제는 집집마다 갖춰놓는 기본 식료품 중 하나가 되었다.
최근에는 밀가루에 여러 가지 재료들을 첨가하여 맛과 향은 물론
영양까지 살린 기능성 제품들도 많이 나와 있다. 밀봉하여 직사광선이나
습기가 없는 곳에 보관하고, 냄새가 강한 식품들과 함께 두지 않는다.

따뜻한 국수보다 찬 국수로 먹을 때 소면의 쫄깃함과 부드러움을 더 느낄 수 있고 맛있다.
양념이나 육수 등을 이용하여 소면으로 다양한 찬국수 요리를 만들어보자.

소면 종류

붉은색 소면

- 홍국紅麴가루, 홍매실가루,
비트, 당근 등으로 색을 낸다.
홍국은 쌀을 누룩곰팡이로
발효시켜 만든 붉은색 쌀을 말한다.

소면

- 가장 기본적인 우리 국수.
여러 가지 요리로 활용도가 높다.

녹색 소면

- 짙은 초록빛 소면으로
클로렐라가루, 녹찻가루,
시금치 등으로 색을 낸다.

수연면

·

손으로 뽑은 국수.
시간이 지날수록 일반 소면보다
맛이 떨어지므로 빨리 먹어야 한다.

중면

·

소면과 같은데
단지 굵기가 조금 더 굵다.

생소면

·

건조시키지 않은 소면.
건조 소면보다 식감이 부드럽고
쫄깃하다.

소면 삶기

1. 냄비에 국수의 5배 이상의 물을 붓고 팔팔 끓인다.
   끓기 시작하면 소면을 넓게 펼쳐 넣는다.

2. 젓가락으로 휘휘 저어서
   국수끼리 들러붙지 않게 한다.

3. 거품이 끓어오르면 찬물 ½컵을 붓는다.
   이것을 2~3회 반복한다.

4. 찬물을 틀어놓은 상태로 체에
   소면을 부어 재빨리 열을 식힌다.

5. 흐르는 찬물에 소면을 여러 번 씻어 녹말기를 없앤다.

6. 타래를 지어 채반에 올려 물기를 뺀다.

간장비빔국수

할머니가 만들어주시던 추억의 비빔소면.
아이도 어른도 모두 좋아하는, 소박하지만 질리지 않는 맛입니다.
참기름과 통깨를 듬뿍 넣어 고소한 맛을 살려주세요.

재료

소면 2인분
오이 ½개
다진 쇠고기 100g
달걀지단 조금
굵은 소금 2작은술
소금·후추 조금씩
오일(식용유) 조금

[양념장]
간장 2큰술
참기름 2작은술
올리고당 2작은술
통깨 1작은술

국수 만들기

❶ 오이를 얇고 동글납작하게 썰어서 굵은 소금과 물 ¼컵을 섞은 소금물에 넣어 10분간 절였다가 물기를 짠다.
❷ 오일을 두른 팬에 먼저 다진 쇠고기를 넣고 소금과 후추로 간하여 볶다가 오이를 넣어 살짝 볶는다.
❸ 양념장 재료를 모두 섞고, 소면은 삶아서 찬물에 헹군다.
❹ 소면을 양념장에 버무려 그릇에 담고, 볶은 쇠고기와 오이, 달걀지단을 올린다.

골동면

간장양념장으로 비벼 먹는 깔끔한 서울식 비빔국수.
고명을 정성껏 준비하여 올리고,
고소한 참기름으로 입맛을 돋웁니다.

재료

소면 2인분
표고버섯 2개
양파 ¼개
애호박 ¼개
쇠고기 50g
달걀지단 조금
소금 조금
오일(식용유) 조금

[쇠고기양념]
간장 1작은술
설탕 1작은술
다진 마늘·파 조금씩
후추 조금

[양념장]
간장 2큰술
참기름 2작은술
설탕 2작은술
통깨 1작은술

국수 만들기

1. 표고버섯, 양파, 애호박은 채를 썰고, 오일을 두른 팬에 소금으로 간하여 각각 볶는다.
2. 쇠고기는 채를 썰어 쇠고기양념으로 버무린 다음 오일을 두른 팬에 볶는다.
3. 양념장 재료를 모두 섞고, 소면은 삶아서 찬물에 헹군다.
4. 소면을 양념장에 버무려 그릇에 담고 볶은 표고버섯, 양파, 애호박, 쇠고기와 함께 달걀지단을 올린다.

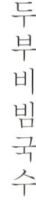
두부비빔국수

곱게 으깬 두부를 팬에 바삭하게 볶아
소보로를 만들어보세요.
고기보다 더 담백하고 든든한 재료가 된답니다.

재료

중면 2인분
두부 ⅓모
오이 1개
당근 ¼개
송송 썬 실파 조금
땅콩 6알
소금 조금
오일(식용유) 조금

[양념장]
간장 1½큰술
굴소스 ½큰술
맛술 2작은술
참기름 2작은술
올리고당 2작은술
고추기름 1작은술
통깨 1작은술

국수 만들기

❶ 팬에 오일을 조금 두르고 칼 옆면을 이용해 으깬 두부를 소금으로 간하여 노릇하게 볶는다.
❷ 땅콩을 곱게 으깨서 송송 썬 실파와 함께 볶은 두부에 섞는다.
❸ 오이와 당근은 가늘고 길게 채를 썬다.
❹ 양념장 재료를 모두 섞고, 중면은 삶아서 찬물에 헹군다.
❺ 그릇에 국수와 오이, 당근을 담고 양념장을 뿌린 다음 두부소보로를 듬뿍 얹는다.

TIP 회전채칼을 이용하여 채소를 길게 채 썰면 아삭한 식감이 국수와 잘 어울린다.

장아찌비빔국수

참치캔과 냉장고 속 고추장아찌만 있으면
휘리릭 뚝딱 만들 수 있는 국수 레시피입니다.
고추장아찌로 새콤하고 매콤한 맛을 손쉽게 낼 수 있어요.

재료

소면 2인분
고추장아찌 4개
참치캔 중간크기 ½캔
오이 ¼개

[양념장]
간장 1½큰술
장아찌 국물 2큰술
식초 1큰술
설탕 2작은술
참기름 1작은술

국수 만들기

❶ 고추장아찌는 굵직하게 다지고, 오이는 곱게 채 썬다.
❷ 참치캔은 기름을 제거한다.
❸ 양념장 재료를 모두 섞고, 소면은 삶아서 찬물에 헹군다.
❹ 소면을 다진 고추장아찌, 양념장과 함께 버무려 그릇에 담고, 참치와 오이를 올린다.

손님상에 내놓아도 좋은 일품 메뉴.
재료를 1인분씩 따로 담지 않고 한 접시에 가지런히 모아 담아
골라먹는 재미가 있습니다.

재료

소면 2인분
양상추 3장
오이 ½개 / 래디시 3개
사과 ⅓개
숙주 2줌
중하 새우 6마리
[단촛물]
식초 ½큰술
설탕 1작은술
참기름 조금
소금 조금
[겨자소스]
가쓰오부시 육수 1컵
식초 1½큰술
설탕 1½큰술
레몬즙 1큰술
간장·겨자 1작은술씩
통깨 조금

국수냉채

국수 만들기

❶ 양상추, 오이, 래디시, 사과는 곱게 채 썰어 냉장고에 넣어둔다.
❷ 숙주는 살짝 데쳐서 단촛물에 버무리고, 새우는 껍질을 벗겨서 데쳐 차게 식힌다.
❸ 겨자소스 재료를 모두 섞어서 냉장고에 넣어 차게 만들고, 소면은 삶아서 찬물에 헹군다.
❹ 손질한 재료와 소면을 그릇에 가지런히 담아 겨자소스와 함께 낸다.

TIP 사과는 레몬즙을 뿌려 갈변을 막는다

김치비빔국수

반찬 걱정 덜어주는 우리집 단골 메뉴.
잘 익은 김치일수록 맛이 더 잘 어울리지요.
김치소를 털어내고 깔끔하게 만드는 것이 포인트입니다.

재료

소면 2인분
송송 썬 배추김치 1컵
상추 2장
오이 ¼개
김 ½장
참기름 2작은술
통깨 조금

[양념장]
고추장 2큰술
김칫국물 2큰술
고춧가루 ½큰술
식초 1½큰술
올리고당 1½큰술
설탕 2작은술
간장 2작은술

국수 만들기

❶ 상추와 오이는 곱게 채 썰고, 김은 살짝 구워서 가늘게 채를 치듯이 자른다.
❷ 양념장 재료를 모두 섞고, 소면은 삶아서 찬물에 헹군다.
❸ 소면에 배추김치와 양념장을 넣고 버무려 그릇에 담는다. 위에 상추, 오이, 김을 올리고 통깨와 참기름을 뿌린다.

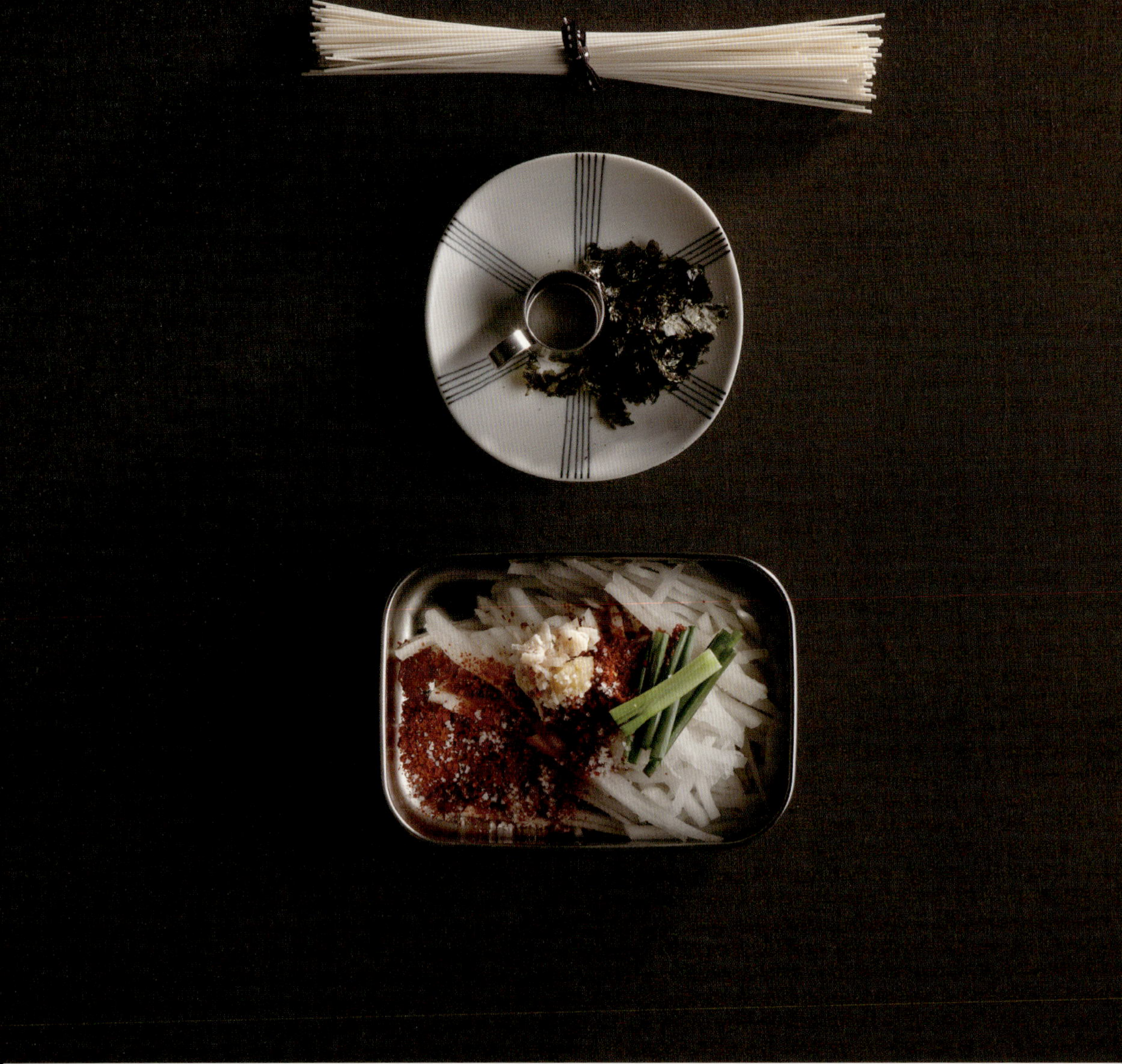

무채비빔국수

무채를 얼마나 맛있게 만드나가 중요해요.
적은 양을 만들기보다는 많은 양을 만들어야 제맛!
무채는 비빔국수로도, 비빔밥으로도, 반찬으로도 쓸모가 아주 많답니다.

재료

중면 2인분
무 1도막(10㎝ 길이)
실파 3대
김 1장
참기름 1큰술

[무채양념]
고춧가루 ½컵
멸치액젓 2큰술
새우젓 1큰술
다진 마늘 1큰술
설탕 3큰술
다진 생강 ½작은술
굵은 소금 조금

국수 만들기

❶ 무는 가늘게 채 썰고, 실파는 5㎝ 길이로 자른다.
❷ 무채에 실파 썬 것과 무채양념을 넣어 버무린다.
❸ 김은 구워서 비닐봉지에 넣어 부수고, 중면은 삶아서 찬물에 헹군다.
❹ 중면을 양념한 무채와 함께 그릇에 담아 김가루를 얹고 참기름을 뿌린다.

TIP 무를 가늘게 채를 썰려면 둥근 모양대로 얇게 써는 것보다 직사각형으로 썰어서 채를 써는 것이 더 편리하다. 양념으로 버무린 무채는 하루 이상 숙성시켜 먹으면 더 맛있다.

열무비빔국수

잘 익은 열무김치를 이용해 깊은 맛을 냅니다.
새콤한 열무김치에 살짝 단맛을 더하면
더 입맛이 돋는 열무국수가 되지요.

재료

참기름 조금
통깨 조금

소면 2인분
열무김치 2컵
삶은 달걀 1개

[양념장]
고추장 2큰술
사과즙 3큰술
열무김치 국물 4큰술
설탕 1½큰술

식초 1큰술
간장 1큰술

국수 만들기

❶ 열무김치를 먹기 좋은 길이로 자르고, 삶은 달걀은 2등분한다.
❷ 양념장 재료를 모두 섞고, 소면은 삶아서 찬물에 헹군다.
❸ 소면을 양념장에 비벼 그릇에 담고, 위에 열무김치와 삶은 달걀을 올린 다음 참기름과 통깨를 뿌린다.

나물비빔국수

갖가지 나물을 넣어 비벼 먹는 나물비빔국수.
돌나물, 미나리, 달래, 참나물…… 어떤 나물이라도 좋아요.
봄과 여름의 잃어버린 입맛을 찾아줍니다.

재료

소면 2인분
삶은 고사리 1줌
삶은 참나물 1줌
삶은 콩나물 1줌
당근 ⅙개
애호박 ⅓개
참기름 조금
오일(식용유) 조금
소금 조금
[약고추장] p.20 참고
다진 쇠고기 2큰술
고추장 2큰술
매실액 1큰술
물 1큰술
다진 마늘 1작은술
올리고당 1작은술
참기름 1작은술

국수 만들기

1. 삶은 고사리와 참나물, 콩나물을 각각 소금과 참기름으로 무친다.
2. 당근과 애호박은 곱게 채 썰어 오일을 두른 팬에 각각 소금으로 간하여 볶는다.
3. 양념장으로 쓸 약고추장을 만드는데, 먼저 팬에 오일을 두르고 다진 마늘과 다진 쇠고기를 볶다가 고추장을 넣어 볶는다. 매실액, 물, 올리고당, 참기름을 넣어 알맞은 농도로 만든다.
4. 소면은 삶아서 찬물에 헹군다.
5. 그릇에 소면과 준비한 5가지 나물을 담고 약고추장을 올리거나 곁들여 낸다.

낙지비빔국수

낙지도 좋고, 오징어나 주꾸미라도 좋아요.
소면에 매콤하게 볶은 낙지를 곁들여
메인 요리나 한 그릇 식사로, 또는 안주로 자신 있게 내보세요.

재료

소면 2인분
낙지 2마리
양파 ½개
대파 1대
깻잎 6장
참기름 조금
통깨 조금
오일(식용유) 조금

[양념장]
고추장 2큰술
고춧가루 2큰술
간장 1큰술
맛술 1큰술
설탕 1큰술
다진 마늘 1큰술
올리고당 ½큰술

국수 만들기

1. 낙지는 깨끗이 손질하여 먹기 좋은 크기로 자르고, 양파와 대파는 굵직하게 채 썬다.
2. 깻잎은 가늘게 채 썬다.
3. 양념장 재료를 모두 섞고, 소면은 삶아서 찬물에 헹군다.
4. 팬에 오일을 두르고 낙지와 대파, 양파를 넣어 가볍게 볶다가, 양념장을 넣고 센불에서 재빨리 볶는다.
5. 소면을 그릇에 담고 볶은 낙지를 얹은 다음, 깻잎을 올리고 참기름과 통깨를 뿌린다.

김치말이국수

육수만 넣으면 깊은 맛이 덜하고
김칫국물만 넣으니 너무 맛이 강하죠?
그렇다면 육수와 김칫국물을 적당히 섞어주세요.

재료

소면 2인분
송송 썬 배추김치 ⅔컵
두부 ⅙모

오이 ¼개
청양고추 2개
홍고추 ½개
잣 조금

[김치양념]
참기름 ½큰술
설탕 ½큰술
[국물]
김칫국물 1½컵

멸치육수 1½컵
식초 2큰술
설탕 2큰술
국간장 2작은술
소금 조금

국수 만들기

❶ 송송 썬 배추김치는 김치양념으로 무치고, 두부는 으깨서 물기를 짠다.
❷ 오이는 곱게 채 썰고, 청양고추와 홍고추는 동글납작하게 썬다.
❸ 국물 재료를 모두 섞어 냉동실에 넣어 살짝 살얼음으로 얼리고, 소면은 삶아서 찬물에 헹군다.
❹ 소면을 그릇에 담고 송송 썬 김치, 오이채, 으깬 두부, 잣, 고추를 얹은 다음 살얼음이 생기게 얼려둔 국물을 붓는다.

TIP 육수 내기가 번거롭다면 파는 육수 제품을 사용해도 좋다.

아삭 야콘 소면

아삭아삭한 식감의 야콘과 오이, 당근을
국수처럼 길게 채 썰어 만들어보세요.
아직은 익숙지 않은 야콘과 친해질 수 있는 기회!

재료

소면 2인분
야콘 ⅓개
오이 1개
당근 ⅓개
치커리 2장
달걀지단 조금

[양념장]
고추장 2큰술
식초 2큰술
사과즙 2큰술
다진 마늘 ½큰술
참기름 ½큰술
설탕 1큰술
참치액젓 1큰술

국수 만들기

❶ 야콘은 가늘고 길게 채 썰어 식초를 조금 넣은 물에 담가둔다.
❷ 오이, 당근, 달걀지단도 곱게 채 썰고, 치커리는 한입 크기로 자른다.
❸ 양념장 재료를 모두 섞고, 소면은 삶아서 찬물에 헹군다.
❹ 소면을 채 썬 야콘, 오이, 당근과 함께 가볍게 섞어 그릇에 담고 양념장을 올린 다음 치커리와 달걀지단을 얹는다.

TIP 야콘, 오이, 당근은 칼로 가늘고 길게 채를 썰어도 되지만, 회전채칼이나 채칼을 사용하면 편리하다.

매콤두반장면

두반장으로 맛을 낸 독특한 비빔국수.
마파두부가 생각나는 맛이에요.
두반장소스는 여러 가지로 다양하게 응용할 수 있습니다.

재료

중면(또는 소면) 2인분
상추 4장
참기름 조금

[두반장소스] p.21 참고
다진 돼지고기 50g
대파 흰대 ⅓대
다진 마늘 1큰술
다진 생강 1작은술

다진 양파 3큰술
다진 청양고추 3큰술
다진 홍고추 3큰술
두반장 1½큰술
맛술 1큰술

물전분 1큰술
고추기름 2작은술
간장 1작은술
설탕 1작은술
물 1컵

국수 만들기

❶ 대파는 곱게 채 썰어 고추기름을 두른 팬에 다진 마늘, 다진 생강과 함께 볶아 향을 낸다.
❷ 맛술과 간장을 더해 넣고, 다진 양파와 다진 돼지고기도 넣어 볶는다.
❸ 두반장과 설탕을 더해서 볶다가, 다진 청양고추와 홍고추도 넣어 볶는다.
❹ 마지막으로 물 1컵을 넣어 한소끔 끓인 다음, 물전분으로 농도를 맞추고 식힌다.
❺ 중면은 삶아서 찬물에 헹구고, 상추는 채를 썬다.
❻ 중면을 그릇에 담고 두반장소스와 상추를 올린 다음 참기름을 넣는다.
TIP 물전분은 전분 : 물 = 1 : 1로 섞고, 센불에서 조금씩 넣으며 재빨리 저어야 덩어리가 생기지 않는다.

 콩국수

콩을 반나절 불리고 삶는 번거로움 없이
두부를 이용해서 만드는 간단 콩국수.
아이와 어른에게 모두 좋은 영양 국수입니다.

재료

소면 2인분
우유 1½컵
두부 ⅓모

방울토마토 2개
오이채 조금
땅콩 조금
소금 조금

국수 만들기

❶ 믹서에 두부와 우유를 넣어 갈고, 소금으로 간하여 냉장고에 넣어둔다.
❷ 땅콩은 굵직하게 다지고, 소면은 삶아서 찬물에 헹군다.
❸ 소면을 그릇에 담고 위에 오이채, 방울토마토, 땅콩 다진 것을 올린 다음 시원한 콩국물을 붓는다.

TIP 두부에 우유 대신 두유를 넣어 함께 갈아도 좋다.

소면

물회국수

오징어는 소면처럼 가늘게 채 썰고, 소면은 조금만 넣어요.
감칠맛나는 진한 황태육수에 고추장양념장으로 매콤함을 더하면
깔끔하고 시원한 별미 국수가 됩니다.

재료

소면 1½인분
오징어 1마리
오이 ¼개
당근 ⅙개
배 ¼개
청양고추 1개
홍고추 ½개
황태육수 3컵

[양념장]
고추장 4큰술
고춧가루 2큰술
매실액 3큰술
식초 2큰술
간장 ½큰술
설탕 ½큰술

국수 만들기

❶ 오징어는 깨끗이 손질하여 껍질을 벗기고 가늘게 채 썬다.
❷ 오이, 당근, 배는 곱게 채 썰고, 청양고추와 홍고추는 동글납작하게 썬다.
❸ 양념장 재료를 모두 섞고, 소면은 삶아서 찬물에 헹군다.
❹ 소면을 그릇에 담고 위에 오징어, 오이, 배, 당근, 고추를 올린 다음 양념장을 뿌린다.
❺ 냉동실에서 살얼음으로 얼린 황태육수를 붓는다.

동 치 미 국 수

동치미를 미리 냉동고에 넣어
사각사각하게 살얼음으로 얼려두세요.
찬 동치미 국물에서 면발이 더 쫄깃해지는 느낌입니다.

재료

소면 2인분
동치미 국물 2½컵
동치미 고추 1개

동치미무 1도막
    (3㎝ 길이)
오이 ¼개

[국물양념]
참기름 1큰술
국간장 ½큰술
설탕 1큰술
통깨 조금

소금 조금

국수 만들기

❶ 오이와 동치미 무는 가늘게 채 썰고, 동치미 고추는 어슷 썬다.
❷ 동치미 국물에 국물양념 재료를 모두 넣어 섞고, 냉동실에 넣어 살얼음이 생기게 얼린다.
❸ 소면을 삶아서 찬물에 헹군다.
❹ 소면을 그릇에 담고 동치미 무와 고추, 오이를 얹은 다음 양념한 동치미 국물을 붓는다.

소면

오이미역냉소면

미역과 오이를 양념에 조물조물 무쳐
시원한 육수를 부어 먹는 냉국에 소면을 넣어보세요.
한 그릇 뚝딱 비우게 되는 든든한 여름국수입니다.

재료

소면 2인분
오이 ¼개
불린 미역 ½컵

홍고추 1개
국간장 2작은술
다진 마늘 1작은술
통깨 조금

[냉국국물]
다시마육수 2½컵
식초 3큰술
설탕 3큰술
국간장 2작은술

소금 조금

국수 만들기

① 오이는 곱게 채 썰고, 홍고추는 어슷 썬다.
② 미역은 끓는 물에 살짝 데쳐서 물기를 짠다.
③ 냉국국물 재료를 모두 섞어 차게 냉동실에 넣어둔다.
④ 오이, 미역, 홍고추에 국간장, 다진 마늘, 통깨를 넣어 무친다.
⑤ 소면을 삶아서 찬물에 헹군다.
⑥ 소면을 그릇에 담고 오이와 미역, 홍고추 무친 것을 올린 다음 냉국국물을 붓는다.

중국식 냉면

여름에 먹는 색다른 중국식 냉국수.
땅콩버터의 고소함과 새콤함이 맛의 포인트입니다.
닭육수를 만드는 수고스러움은 있지만, 일품요리로 손색이 없어요.

재료

생면 2인분
불린 해삼 2개
오징어 ⅓마리
중하 새우 4마리
목이버섯 4개
달걀지단 조금
닭고기육수 3컵

[국물양념]
식초 2큰술
설탕 2작은술
땅콩버터 2작은술
겨자 1작은술
소금 조금

국수 만들기

❶ 불린 해삼은 살짝 데쳐서 가늘게 채 썰고, 오징어는 칼집을 내서 데쳐 한입 크기로 자른다.
❷ 10분 정도 불린 목이버섯과 새우는 끓는 물에 데친다.
❸ 닭고기육수를 냉동실에 넣어 차게 만든 다음, 국물양념을 섞어 양념한다.
❹ 생면은 삶아서 찬물에 헹군다.
❺ 그릇에 국수와 새우, 해삼, 목이버섯, 오징어, 달걀지단을 담고 닭고기육수 국물을 붓는다.

TIP 국물을 양념할 때는 적은 양의 닭고기육수에 땅콩버터와 겨자를 먼저 넣어서 푼다.
　　 중국면은 구하기 어려우므로 대신 생면을 사용한다.

02

라면

RAMEYEON

라면

라면 이야기

라면은 증숙蒸熟, 쪄서 익힘시켜서 기름에 튀긴 면에 분말 수프를 더한 인스턴트 식품이다.
값이 싸고 조리가 간편해서 사람들에게 인기가 많은 국수이다.

지금과 같은 인스턴트 라면이 처음 만들어진 것은 일본으로 알려져 있다.
일본이 세계대전에서 패전한 직후, 한 사업가가 밀가루로 주식을 만들기 위해
연구하였으나 실패를 거듭하였다. 어느 날 술집에서 생선에 밀가루 반죽을 묻혀 튀길 때
밀가루 속에 있던 수분이 순간적으로 빠져 나오며 밀가루 반죽에 수많은 작은 구멍이 생기는 것을 보고,
여기서 착안하여 지금의 인스턴트 라면을 만들었다.
면을 기름에 튀기면 면에 있던 수분이 증발하고, 익으면서 속에 작은 구멍이 생긴다.
이것을 그대로 건조시켰다가 먹을 때 뜨거운 물에 살짝 익히면 작은 구멍에 물이 들어가면서
본래의 상태로 돌아가는 원리를 이용한 것이다.

라면은 소비자들의 요구에 따라 편리성, 신속성, 경제성에 맞춰 개량, 발전하게 되었고,
오늘날 대표적인 인스턴트 식품이 되었다.
최근에는 건강을 생각하여 기름에 튀기지 않은 라면이 늘고 있다.

라면을 사서 들어 있는 내용물 그대로 조리해도 좋지만, 재료를 달리하거나 양념과 국물을 달리하여
한끼 식사로도 충분한 국수 요리로 만들어보자.

라면

라면 종류

가는 라면

중간 굵기 라면

굵은 라면

시판 제품으로 찬국수를 만들어 먹을 때는 면발의 특징을 잘 살리는 것이 중요하다.
면의 굵기를 취향에 따라 선택할 수 있지만, 새콤달콤한 양념에는 가는 면을,
달짝지근한 간장양념에는 굵은 면을 사용하면 양념과 면발이 더 잘 어울린다.

면의 굵기보다 더 중요한 것은 어떻게 삶느냐인데,
오동통함을 강조하는 굵은 면은 끓는 물에 면을 넣고 5분 정도 삶고,
가장 대중적인 중간 굵기의 면은 4분 30초,
가는 면은 3분 정도 삶으면 면발의 맛을 제대로 살릴 수 있다.

라면 삶기

1. 냄비에 라면 3배의 물을 넣고 팔팔 끓여서 라면을 넣는다.

2. 면이 풀어지기 시작하면 젓가락으로 젓는다.

3. 면발이 부드러워지기 시작하면 젓가락으로 라면을 들었다 났다를 여러 번 반복한다.
면발에 찬 공기가 들어가면서 더 탱탱하고 쫄깃해진다.

4. 면을 건져서 얼음물에 넣는다.

5. 체에 밭쳐서 여러 번 털어 물기를 뺀다.

라면

히야시라멘

일본 라멘집에 가면 항상 찾게 되는 히야시라멘.
치킨스톡을 이용해 손쉽게
한국식 냉라면으로 만들어보세요.

재료

라면 2인분
칵테일새우 1컵
오이 ¼개

달걀 2개
무순 조금
고추기름 2작은술

[국물]
물 2컵
치킨스톡 ½개
간장 3큰술
맛술 3큰술

설탕 2큰술
겨자 조금

국수 만들기

❶ 오이는 채 썰고, 새우는 끓는 물에 살짝 데친다.
❷ 달걀은 반숙으로 삶는다.
❸ 국물 재료를 모두 섞어서 차게 만들고, 라면은 삶아서 찬물에 헹군다.
❹ 라면을 그릇에 담고 새우, 오이채, 달걀, 무순을 얹은 다음 국물을 붓는다.
❺ 마지막으로 고추기름을 뿌린다.

채소비빔라면

라면이 요리로 변신!
매콤한 맛의 개성 있는 두반장 양념장으로 비벼
중화요리의 맛이 느껴지지 않나요?

재료

라면 2인분
오이 ½개
표고버섯 2개
당근 ⅙개
치커리 조금
[양념장]
두반장 2큰술
식초 3큰술
올리고당 2큰술
맛술 1큰술
간장 2작은술
설탕 2작은술
후추 조금
[표고양념]
간장 1작은술
맛술 2작은술

국수 만들기

❶ 오이, 당근, 표고버섯은 같은 굵기로 채 썰고, 치커리는 다른 재료와 길이를 맞춰 자른다.
❷ 팬에 표고버섯과 표고양념을 넣어 가볍게 볶는다.
❸ 양념장 재료를 모두 섞고, 라면은 삶아서 찬물에 헹군다.
❹ 라면을 양념장으로 살짝 비벼서 그릇에 담고 오이, 표고버섯, 당근, 치커리를 올린다.
❺ 남은 양념장을 위에 뿌린다.

쓰케멘

여름에 더 맛있는, 국물에 적셔 먹는 쓰케멘.
돼지뼈로 힘들게 육수를 만들어 깊은 맛을 내는 대신
일본 미소 된장으로 간단하게 만드는 쓰케멘입니다.

재료

라면 2인분
돼지고기 안심 200g
대파 흰대 2대
김 1장
마늘 3톨
통후추 5알
[소스]
물 2컵
미소 2큰술
쓰유 1작은술
참깻가루 2큰술
땅콩버터 1큰술
황설탕 1½큰술
[조림장]
맛술 2큰술
간장 1½큰술
설탕 1큰술
소금·후추 조금씩

국수 만들기

1. 돼지고기 안심은 고기가 잠길 정도로 물을 붓고 마늘, 통후추를 넣어 20분간 삶는다.
2. 돼지고기에 돼지고기 삶은 물 ¼컵과 조림장 재료를 넣어 색이 나게 조린 다음, 식혀서 얇게 썬다.
3. 대파 흰대와 김은 곱게 채 썰고, 소스는 재료를 모두 섞는다.
4. 라면은 삶아서 찬물에 헹군다.
5. 라면을 그릇에 담아 대파와 김을 올리고, 돼지고기와 소스는 따로 담아 낸다.

카레향라면

고추장양념장에 카레향을 더해보세요.
은근히 중독되는 맛의
심플하지만 맛있는 라면요리가 됩니다.

재료

라면 2인분
송송 썬 배추김치 1컵
새싹 1줌

[김치양념]
참기름 2작은술
설탕 1작은술
통깨 1작은술

[양념장]
고추장 1½큰술
카레가루 1큰술
식초 1큰술
설탕 2작은술

국수 만들기

❶ 김치에 김치양념을 넣어 무친다.
❷ 양념장 재료를 모두 섞고, 라면은 삶아서 찬물에 헹군다.
❸ 라면을 양념장으로 비벼 그릇에 담고, 양념에 무친 김치와 새싹을 올린다.

TIP 취향에 따라 카레가루의 양을 더하거나 뺀다.

오징어비빔라면

골뱅이 대신 오징어를 사용합니다.
오징어는 살짝 데쳐서 부드러운 식감을 살리고
갖가지 채소를 풍성하게 올려보세요.

재료

라면 2인분
오징어 1마리
당근 ⅙개
오이 ⅓개
양파 ¼개
콩나물 2줌

[양념장]
고추장 4큰술
고춧가루 2큰술
식초 2큰술
매실청 3큰술
간장 ½큰술
설탕 ½큰술
참기름 1큰술

국수 만들기

❶ 오징어는 칼집을 넣어 살짝 데치고, 양파와 당근과 오이는 채 썬다.
❷ 콩나물은 살짝 데친다.
❸ 양념장 재료를 모두 섞고, 라면은 삶아서 찬물에 헹군다.
❹ 라면과 함께 오징어, 양파, 당근, 오이, 콩나물을 그릇에 담고 양념장을 뿌린다.

03

냉면

NAENGMYEON

냉면 이야기

여름철 대표 국수 냉면.
그렇다고 여름에만 먹는 것은 아니다.
봄·가을은 물론 겨울까지도 사계절 내내 인기 있는 대표적인 찬국수가 바로 냉면이다.

냉면은 몸속까지 시원하게 얼려주는 매력으로 6·25전쟁 이후
누구나 즐겨 먹는 음식이 되었다. 국수의 재료와 만들어 먹는 방법에 따라 종류도 다양한데,
가장 대표적인 것이 평양냉면과 함흥냉면이다.

평양냉면은 메밀로 만든 면을 동그랗게 타래를 지어 담아 편육, 오이, 배, 삶은 달걀 등의 고명을 얹고
쇠고기, 닭고기, 꿩고기 등으로 만든 육수와 동치미 국물을 섞어 부어 깊은 맛이 느껴진다.

반면, 메밀로 만든 면 대신 감자나 고구마 녹말로 만든 옅은 빛깔의 면에
싱싱한 가자미나 홍어 같은 생선회무침을 올려 매운 양념으로 비벼 먹는 것은 함흥냉면이다.

메밀로 만든 면을 삶아서 쇠고기를 부친 육전을 올리고, 시원한 해물육수를 부어 먹는 진주냉면도 있다.
이것은 남쪽 지방에 풍부한 해산물을 육수로 만들어 이용하는 것이 특징으로
멸치, 전복, 새우, 홍합, 바지락 등을 끓여 저온에서 숙성시킨 육수에 고기육수를 섞어 만드는 고급 냉면이다.

이 밖에 칡의 향과 구수하고 쫄깃한 식감을 즐기는 칡냉면도 있다.

냉면 종류

메밀냉면

메밀의 향을 잘 살린 메밀면은
흔히 평양냉면이라고 부른다.
메밀 100%로 만들면 끈기가 거의 없어서
밀가루 또는 녹말을 섞거나,
뜨거운 물로 익반죽해서 치댄다.
밀가루나 녹말의 비율, 치대는 기술에 따라
국수의 탄력과 질감이 달라지며,
냉면집마다 메밀 함량이 다르기 때문에
맛이나 식감도 다르다.

감자 · 고구마 냉면

감자 또는 고구마 녹말로 만들어
빛깔이 하얀색으로, 흔히 함흥냉면이라 부른다.
감자와 고구마 녹말은 맛에서 그다지 차이가
나지 않기 때문에 구분하여 사용하지 않는다.
잘 끊어지지 않고 쫄깃하며 탱글탱글한
면발이 특징이다. 보기엔 가늘어도
탄력이 좋고 매우 질긴 편이다.

칡냉면

칡녹말과 밀가루를 섞어 만들어 칡의 향과
구수하고 쫄깃한 식감이 살아있다.

마른 냉면

건조시킨 냉면.
굵기에 따라서도 달라지겠지만
대개 일반 냉면에 비해 삶는 시간이
3~4분 길다.

냉면 삶기

1. 젖은 냉면은 먼저 손으로 비벼서 국수 가락을 풀어준다.
냉면 국수의 5배의 물을 붓고 끓인 다음
풀어둔 냉면을 넣는다.

1

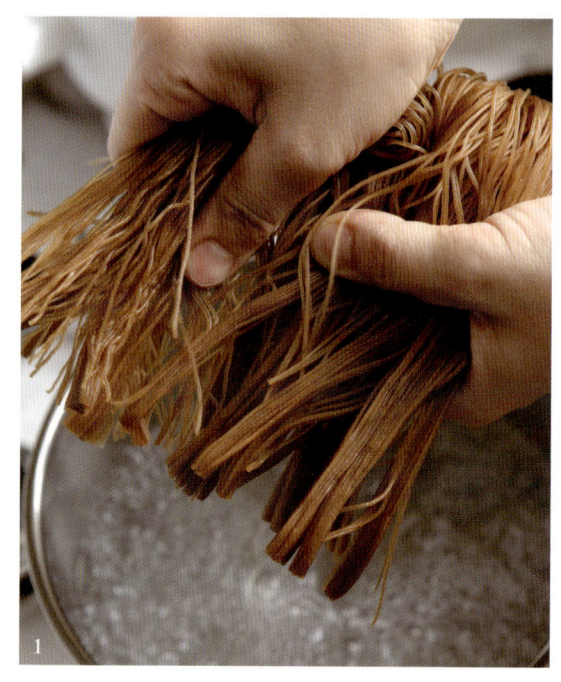

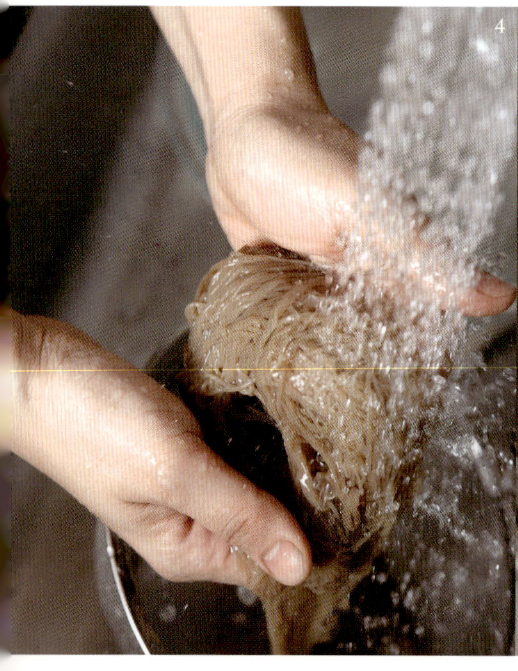

4

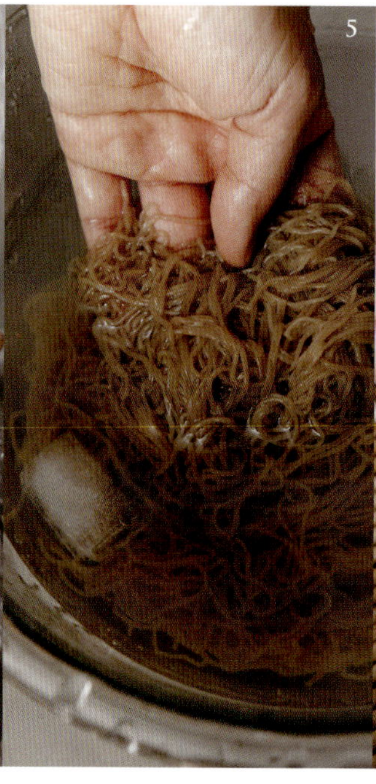

5

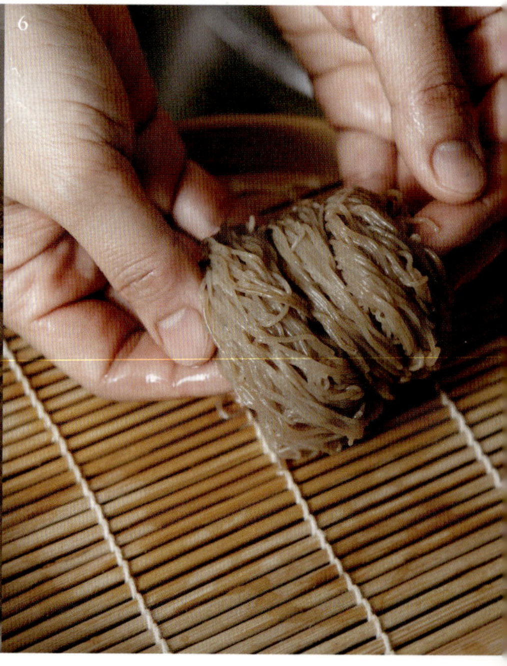

6

2. 오일(식용유) 1작은술을 넣어 냉면의 쫄깃함을 살린다.

3. 냉면이 들러붙지 않도록 젓가락으로 젓는다.
   일반 냉면은 3분을 삶고,
   마른 냉면은 3~4분을 더 삶는다.

4. 흐르는 찬물에 면을 식히면서 문질러 씻어 녹말기를 없앤다.

5. 마지막에는 얼음물에 담가 쫄깃한 식감을 살린다.

6. 조금씩 타래를 지어서 채반에 밭쳐 물기를 뺀다.

냉면

냉면 만드는 요령

오늘날은 한번에 많은 양의 육수를 내고, 양념장을 만들어 충분히 숙성하며, 면도 직접 뽑아내는 냉면전문점의 맛에 모두가 익숙해져 있다. 그러나 집에서 직접 만든 냉면은 자극적이지 않고 담백한 맛이라 좋다. 가족의 건강을 생각한다면 자극적인 맛을 포기하는 것이 현명할지도 모른다.

1. 냉면 육수 & 양념장 만들기

육수는 깊은 맛을 내려면 많은 양을 오랜 시간에 걸쳐 뽑아야 맛이 제대로 난다. 하지만 집에서도 쇠고기 양지머리, 멸치, 북어, 다시마, 동치미 등을 이용하여 담백하고 깔끔한 맛의 건강한 육수를 직접 만들 수 있다. 양념장은 먹을 때 바로 만들어 먹는 것보다 미리 넉넉한 양을 만들어서 숙성시켜 먹어야 더 깊은 맛이 난다.

2. 고명 만들기

냉면전문점처럼 고명으로 고기를 올리거나 냉면무를 올리지 않아도 된다. 김치를 새콤달콤하게 무쳐서 올리거나, 나물 또는 젓갈류를 올리거나, 얇게 썬 고기에 밀가루와 달걀옷을 입혀 부친 육전을 올려도 좋다.

3. 면은 가장 나중에 준비

냉면에서 어떤 국수 요리보다도 중요한 것이 면발이다. 집에서 직접 반죽을 만들고 면을 뽑는 것은 불가능하기 때문에 시중에서 파는 제품을 사용하는데, 삶아서 진공포장하여 파는 숙면의 경우는 냉동하였다가 사용하면 좋다. 숙면은 끓는 물에 넣어 1분 30초~2분 정도 삶으면 급격한 온도 차이로 면이 더 쫄깃하다. 건면은 소면처럼 삶는데, 체에 넣고 바락바락 치대며 씻어야 녹말기가 없어진다. 얼음물로 헹구면 식감이 더 좋다.

냉면

냉면 고명 만들기

냉면무   무 1도막(12cm 길이), 소금 2큰술, 뉴슈가 2큰술, 고운 고춧가루 1작은술, 물 ½컵, 식초 ½컵

  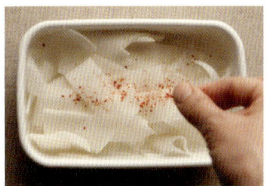

1 무를 3cm 길이로 토막 내어 얇게 썬다. 채칼을 사용하면 편리하다.
2 무를 소금, 뉴슈가, 물 ¼컵(분량 외)을 넣고 중간 중간 뒤집어주면서 30분간 절인 다음 흐르는 물에 가볍게 씻는다.
3 절인 무에 고춧가루, 식초, 물을 부어서 냉장고에 하루 이상 두었다가 먹는다.

냉면오이   오이 1개, 소금 1½큰술, 식초 1큰술, 설탕 1큰술

1 오이는 굵은 소금으로 문질러 씻은 다음 길이로 반을 잘라서 0.3cm 두께로 어슷 썬다.
2 소금과 물 ¼컵(분량 외)을 넣고 중간 중간 뒤집어주면서 30분간 절인 다음 흐르는 물에 가볍게 씻는다.
3 물기를 짜서 식초와 설탕으로 살짝 무친다.

육전   샤브샤브용 쇠고기 100g, 밀가루 ¼컵, 달걀 1개, 오일(식용유) 조금, 소금·후추 조금씩

1 쇠고기는 소금, 후추로 밑간을 하여 밀가루를 묻힌다.
2 쇠고기에 달걀물로 옷을 입힌다.
3 오일을 두른 팬에 쇠고기를 노릇하게 부친다.

과일 & 달걀
수박, 배, 사과 등은 얇게 편으로 썰거나 채를 썰고, 달걀은 삶아서 준비한다.

냉면 양념장 만들기

비빔냉면장
사과·양파·배 100g씩, 간장 ½컵, 물 ½컵, 고춧가루 9큰술, 설탕 6큰술, 생강 1톨, 다진 마늘 2큰술, 참기름 2큰술, 식초 5큰술, 소금 1큰술

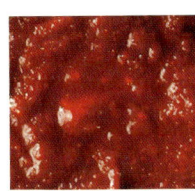

1. 냄비에 간장, 물, 생강을 넣고 한소끔 끓인 다음 생강을 건져낸다.
2. 사과, 양파, 배를 강판이나 믹서에 곱게 갈아서 설탕과 함께 넣는다.
3. 고춧가루, 다진 마늘, 참기름, 식초, 소금을 넣고 섞어서 냉장고에 넣어 3일간 숙성시킨다.

북어포비빔장
북어포 30g, 파인애플 링모양 ½개, 양파 50g, 간장 ¼컵, 물 ¼컵, 고춧가루 5큰술, 황설탕 ¼컵, 생강 1톨, 올리고당 2큰술, 다진 마늘 2큰술, 소금 ½큰술

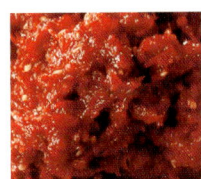

1. 냄비에 간장, 물, 생강을 넣고 한소끔 끓인 다음 생강을 건져낸다.
2. 파인애플과 양파를 강판이나 믹서에 곱게 갈아서 황설탕과 함께 넣는다.
3. 고춧가루, 올리고당, 다진 마늘, 소금을 넣어 섞는다.
4. 북어포를 물에 불려서 손으로 곱게 찢어 넣거나, 푸드프로세서로 갈아 넣고 고루 섞는다.

TIP. 황설탕 대신 백설탕을 넣어도 된다.

고추장비빔냉면장
파인애플 링모양 ½개, 양파 30g, 고춧가루 6큰술, 고추장 2큰술, 식초 ½컵, 올리고당 ½컵, 다진 마늘 1큰술, 소금 1작은술

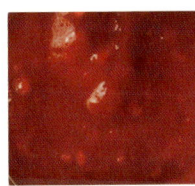

1. 믹서에 준비한 재료를 모두 넣고 간다.

물냉면

화학조미료를 사용하지 않은 개운한 맛의 가정식 냉면.
집에서 냉면이 먹고 싶을 때 조금 수고스럽겠지만
육수부터 제대로 만들어보면 어떨까?

재료

냉면 2인분
냉면무 ½컵
냉면오이 ½컵
삶은 달걀 1개
겨자 조금

[냉면국물]
동치미 국물 1½컵
쇠고기육수 1½컵
식초 4큰술
설탕 2큰술

소금 1작은술

국수 만들기

❶ 냉면국물 재료를 모두 섞어서 냉동실에 넣어 차게 만든다.
❷ 삶은 달걀은 2등분하고, 냉면은 삶아서 찬물에 헹군다.
❸ 냉면을 그릇에 담고 냉면무, 냉면오이, 달걀을 올린 다음 냉면국물을 부어 겨자와 함께 낸다.

TIP 쇠고기육수를 내는 것이 번거롭다면 파는 냉면 육수를 사용해도 좋다.
파는 냉면 육수를 사용하는 경우에도 입맛에 맞춰 참기름, 참깨, 식초, 겨자 등을 넣는다.

냉면

열무냉면

열무김치 국물로만 냉면국물을 만들면
맛이 텁텁할 수 있습니다.
쇠고기육수 또는 멸치육수와 1:1로 섞어서 사용해보세요.

재료

냉면 2인분
열무김치 1½컵
오이 ¼개
홍고추 ½개

[냉면국물]
멸치육수 1½컵
열무김치 국물 1½컵
식초 4큰술
설탕 3큰술
멸치액젓 1큰술
소금 조금

국수 만들기

❶ 오이는 가늘게 채 썰고, 홍고추는 어슷 썬다.
❷ 냉면국물 재료를 모두 섞어서 냉동실에 넣어 살얼음이 생기게 얼린다.
❸ 냉면은 삶아서 찬물에 헹군다.
❹ 냉면을 그릇에 담고 열무김치, 오이, 홍고추를 얹은 다음 살얼음이 생긴 냉면국물을 붓는다.

비빔냉면

비빔냉면장 하나만 만들어두면 언제든지 후다닥!
맛있는 냉면을 만들 수 있는 든든한 완소 아이템입니다.
숙성시켜서 더 맛있는 비빔장으로 솜씨를 맘껏 발휘해보세요.

재료

냉면 2인분
냉면무 조금
냉면오이 조금
얇게 썬 배 ⅛개 분량
삶은 달걀 1개
비빔냉면장 6큰술

국수 만들기

❶ 냉면을 삶아서 찬물에 헹군다.
❷ 냉면을 그릇에 담고 냉면무, 냉면오이, 배를 올린 다음, 양념장을 넣고 삶은 달걀을 올린다.

TIP 비빔냉면장은 미리 만들어 냉장고에서 3~4일 숙성시켜 먹으면 더욱 맛이 좋다.
국수와 양념이 잘 비벼지도록 동치미 국물을 조금 넣어도 좋다.

북어포비빔냉면

홍어같이 다루기 어려운 회 대신
북어포를 이용하여 간단하게 만드는 가정식 회냉면.
쫄깃쫄깃 씹는 맛이 좋아요.

재료

냉면 2인분
냉면무 조금
얇게 썬 배 ⅛개 분량
삶은 달걀 ½개
북어포비빔장 4큰술
비빔냉면장 4큰술

국수 만들기

① 냉면을 삶아서 찬물에 헹군다.
② 냉면을 그릇에 담고 위에 비빔냉면장과 북어포비빔장을 얹은 다음 냉면무, 배, 삶은 달걀을 올린다.

TIP 북어포비빔장은 북어의 비릿한 맛을 줄이기 위해 냉장고에서 3~4일 숙성시켜 먹으면 좋다.
북어포비빔장은 밥 위에 얹어 먹거나, 그냥 무침으로 먹을 수도 있다.

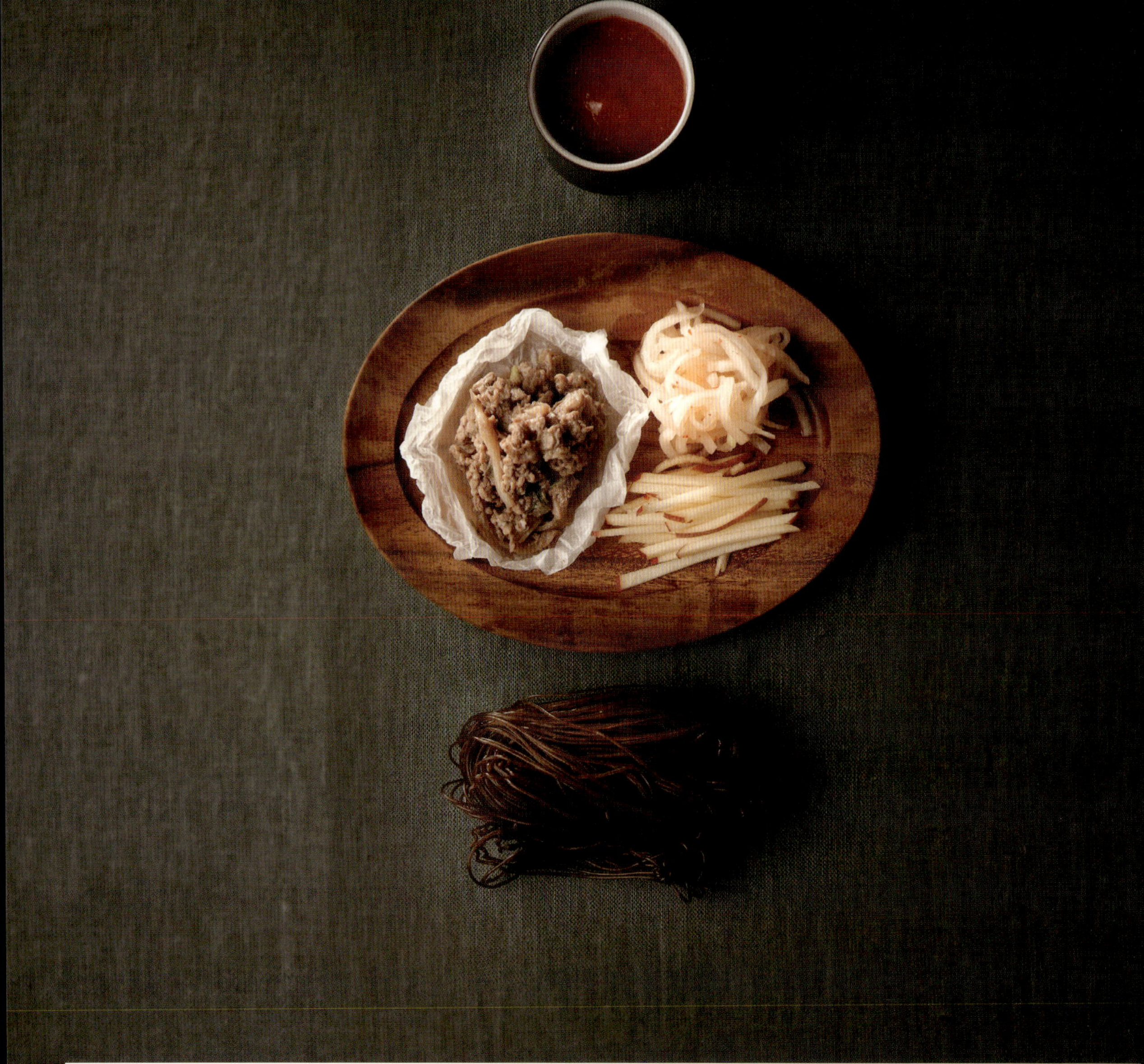

불고기냉면

고기도 먹고 싶고, 냉면도 먹고 싶을 때
집에서 손쉽게 간단히 만들어 먹을 수 있는 메뉴.
한 끼 식사로 든든합니다.

재료

냉면 2인분
불고기용 쇠고기 200g
냉면무 조금
사과 ⅛개
고추장비빔냉면장 6큰술

[불고기양념]
간장 1½큰술
설탕 1큰술
다진 마늘 ½큰술
다진 파 ½큰술
후추 조금
참기름 조금

국수 만들기

1. 쇠고기에 불고기양념을 넣어 버무린다.
2. 팬에 불고기를 볶고, 사과는 채를 썬다.
3. 냉면은 삶아서 찬물에 헹군다.
4. 냉면을 그릇에 담고 볶은 불고기, 냉면무, 사과채를 얹은 다음 고추장비빔냉면장을 올린다.

TIP 냉면무는 직사각형으로 납작하게 편썰기해도 좋지만, 채칼로 길게 채를 썰어 만들어도 된다. 이렇게 만든 것은 냉면에 넣어 먹어도 좋고, 상큼하게 무채로 먹어도 맛있다.

04

파스타
PASTA

파스타

파스타 이야기

이제 우리 식생활에서 많이 익숙해진 파스타는
이탈리아어 '임파스타레 impastare'에서 온 말로 '반죽하다'는 의미이다.
밀가루와 달걀로만 반죽한 면을 모두 말하는 것으로,
대부분 글루텐이 많이 들어 있는 듀럼밀 durum wheat, 경질밀 의 배아를 갈아서 만든
세몰리나 semolina 를 이용해 만든다.

종류는 200여 가지로 매우 다양한데, 크게 면이 젖은 상태인 생파스타와
마른 상태인 건조 파스타로 나눈다. 면의 길이에 따라서도 크게
롱 파스타와 쇼트 파스타로 나눌 수 있다. 모양에 따라서도 여러 종류가 있는데,
찬국수에 가장 알맞은 것은 길고 가는 국수모양의 파스타이다.
차게 먹어도 단단하게 느껴지지 않고, 목 넘김이 일반 소면과 비슷하기 때문이다.
그 밖에도 구멍이 뚫린 튜브모양, 얇게 밀어서 칼로 잘라 꼰 모양,
속을 채워 만든 만두모양 등 매우 다양한 모양이 있다.

삶는 시간은, 따뜻한 파스타인 경우 조금 덜 삶은 알단테 상태가 적당하므로
7~8분 정도 삶지만, 차게 먹는 냉파스타일 경우에는 너무 단단하지 않게 10분 정도 삶는다.

파스타 종류

스파게티 Spaghetti

- 굵기 1.6㎜ 정도. 소면보다 굵은 국수모양.
파스타 중 가장 많이 알려진 종류로 파스타의 대명사처럼 불린다.
어떤 요리나 소스에도 잘 어울린다.

오징어먹물스파게티
Spaghetti al Nero di Seppia

오징어먹물로 만든 스파게티로
오징어먹물의 색과 향이 더해져
색다른 맛과 식감을 느낄 수 있다.

카펠리니 Capellini

'천사의 머리카락'이란 의미의 이름.
파스타 중 가장 가는 파스타로
굵기가 0.9㎜ 정도이다.
튀겨서 샐러드로 만들거나
잘라서 수프에 넣기도 한다.

펜네 Penne

- 이름에서 알 수 있듯이
양 끝이 사선으로 잘려 뾰족하고
펜촉 같으며 튜브 모양이다.

푸질리 Fusilli

- 스프링 모양.
많이 사용하는 파스타 종류의
하나로, 소스에 버무려
파스타로도 즐기지만
샐러드로도 많이 먹는다.

파르팔레 Farfalle

- 이름처럼 '나비넥타이 Bow ties' 모양.
육류를 넣은 소스나
크림을 넣은 소스와 잘 어울린다.

알파벳 Alphabet

조그만 알파벳 모양의 파스타.

페투치네 Fettuccine

폭 5~10㎜의 납작한 파스타.
'리본' 또는 '테이프'라는 의미의
이름으로, 둥글게 돌돌 말아놓거나
길게 잘라놓은 모양이 있다.
반죽에 시금치를 넣어 녹색을 띠는
시금치페투치네도 있다.

마카로니 Macaroni

튜브 모양. 가운데 구멍으로 소스가
잘 들어가 걸쭉한 소스를 끼얹어
한 끼 식사나 샐러드로 즐긴다.

반건조 파스타 Semi-dried Pasta

완전히 건조하지 않은 촉촉한
파스타로 유통기한이 짧다.

콘킬리에 Conchiglie

소라껍질 모양. 안쪽에 소스가
많이 들어가 풍부한 소스의 맛을
즐길 수 있다.

파스타

파스타 삶기

1. 깊은 냄비에 파스타 100g 당 2ℓ 비율로 물을 넣고, 소금과 올리브오일을 조금 넣어 끓인다.

2. 물이 끓으면 파스타를 부채꼴모양으로 펼쳐 넣는다.

3. 끓이면서 한 번씩 저어준다.

4. 8분이 지나면 국수 가락을 잘라 속에 가는 심이 있는지 확인한 다음 심이 없을 때까지 3~5분 정도 더 삶는다.

5. 따뜻한 파스타일 경우 찬물에 헹구지 않지만, 냉파스타인 경우에는 찬물에 헹궈서 사용한다.

6. 물기를 빼고 올리브오일을 조금 넣어 버무려놓는다.

TIP.
파스타를 소스로 버무려 내는 경우 올리브오일로 버무리지 않아도 되지만, 파스타 위에 소스를 뿌려서 내는 경우에는 올리브오일을 조금 넣어 버무려두는 것이 좋다.

냉파스타 소스 만들기

샐러드바소스

케첩 4큰술, 칠리소스 3큰술, 핫소스 2큰술, 올리고당 1큰술, 굵은 후추 조금

시치미소스

간장 2큰술, 카놀라유 2큰술, 참치액젓 1큰술, 식초 1큰술, 시치미 ½큰술, 설탕 2작은술, 소금·후추 조금씩

소이소스

올리브오일 1큰술, 간장 2큰술, 설탕 1큰술, 식초 2큰술, 참깨 ½작은술, 후추 조금

살사소스

다진 양파 3큰술, 다진 할라페뇨 5큰술,
핫소스 1큰술, 올리브오일 3큰술,
레몬즙 2큰술, 다진 바질 조금, 소금·후추 조금씩

바질소스

바질잎 2컵, 잣 ½컵, 파르메산치즈가루 ½컵,
엑스트라버진 올리브오일 ¾컵,
다진 마늘 ½큰술, 소금 ½작은술, 후추 초금
▶ 재료를 모두 믹서에 넣고 간다.

발사믹소스

올리브오일 3큰술, 발사믹식초 1½큰술,
설탕 1작은술, 다진 양파 3큰술,
소금·후추 조금씩

파스타

샐러드바 냉파스타

샐러드바에서 먹던 칠리맛 파스타샐러드.
가끔씩 생각나는 그 맛을 추억 삼아
집에서 직접 만들어보세요.

재료

푸질리 3줌
빨간 파프리카 ¼개
노란 파프리카 ¼개
양파 ½개
블랙 올리브 5알
칵테일새우 1컵
파르메산치즈가루 2큰술
바질잎 조금
[소스]
케첩 4큰술
칠리소스 3큰술
핫소스 2큰술
올리고당 1큰술
굵은 후추 조금

국수 만들기

❶ 파프리카와 양파는 곱게 채 썰고, 블랙 올리브는 동글납작하게 썰며, 칵테일새우는 살짝 데친다.
❷ 소스 재료를 모두 섞고, 푸질리는 삶아서 찬물에 헹군다.
❸ 푸질리와 파프리카, 양파, 블랙 올리브, 칵테일새우를 소스에 넣어 버무린다.
❹ 소스로 버무린 파스타를 그릇에 담고 위에 바질잎과 파르메산치즈가루를 뿌린다.

파스타

살사 파스타

스파게티보다 가는 카펠리니는 냉파스타에 안성맞춤.
매콤 새콤한 살사소스를 듬뿍 올려
신선한 맛을 즐겨보세요.

재료

카펠리니 2인분
토마토 1개
파슬리 조금
올리브오일 조금
바질잎 조금
굵은 후추 조금

[살사소스]
다진 양파 3큰술
다진 할라페뇨 5큰술
핫소스 1큰술
올리브오일 3큰술
레몬즙 2큰술
다진 바질 조금
소금·후추 조금씩

국수 만들기

❶ 토마토는 위쪽에 십자(+)모양으로 칼집을 넣어 끓는 물에 살짝 데친 다음, 껍질을 벗겨 굵직하게 다진다.
❷ 살사소스 재료와 다진 토마토를 섞는다.
❸ 카펠리니는 삶아서 찬물에 헹구고 올리브오일로 살짝 버무려놓는다.
❹ 카펠리니를 그릇에 담고 위에 살사소스와 토마토 섞은 것을 듬뿍 올린다. 파슬리와 바질잎을 올리고 굵은 후추를 뿌린다.

파스타

구운버섯 파스타

한입 크기로 자른 버섯을
오일에 버무려 오븐에 구워보세요.
버섯과 발사믹이 어우러진 환상적인 맛의 냉파스타입니다.

재료

페투치네 2인분
주키니 ¼개
백만송이 2줌
표고버섯 2개
양송이 6개
어린잎채소 2줌
올리브오일 2큰술
소금·후추 조금씩

[소스]
다진 양파 3큰술
올리브오일 3큰술
발사믹식초 1½큰술
설탕 1작은술
소금·후추 조금씩

국수 만들기

❶ 주키니와 표고버섯, 양송이는 도톰하게 편을 썰고, 백만송이는 송이를 떼서 모두 올리브오일, 소금, 후추로 버무린 다음 180℃ 오븐에서 8분간 굽는다.
❷ 소스 재료를 모두 섞고, 페투치네는 삶아서 찬물에 헹군다.
❸ 페투치네를 올리브오일로 살짝 버무려놓는다.
❹ 페투치네를 그릇에 담고 위에 구운 주키니와 버섯, 어린잎채소를 올리고 소스를 뿌린다.

TIP 버섯을 구울 때 종이포일에 싸서 구우면 향이 더 좋다.

연어샐러드파스타

가는 카펠리니와 연어가 조화를 이루는
멋진 샐러드 같은 파스타 완성!
국수요리로, 샐러드로, 그리고 간식으로도 훌륭합니다.

재료

카펠리니 2인분
훈제연어 100g
양파 ¼개
마늘 6톨
어린잎채소 적당량
레몬 ½개
올리브오일 조금

[소스]
간장 2큰술
식초 2큰술
올리브오일 1큰술
설탕 1큰술
참깨 ½작은술
후추 조금

국수 만들기

❶ 레몬을 반으로 잘라 팬에서 자른 단면이 갈색이 나게 굽고, 마늘은 팬에 올리브오일을 두르고 굽는다.
❷ 소스 재료를 모두 섞은 다음 구운 레몬의 즙을 짜서 섞어 넣는다.
❸ 양파는 얇게 채를 썬다.
❹ 카펠리니는 삶아서 찬물에 헹구고 소스에 버무려둔다.
❺ 소스로 버무린 카펠리니를 그릇에 담고 훈제연어, 어린잎채소, 양파채, 구운 마늘을 올린다.

파스타

바질파스타

바질의 향이 살아 있는 바질페스토로 깊은 맛을 내보세요.
생 바질이 없다면 파는 바질페스토를 사용해
멋진 파스타 요리를 만들 수 있습니다.

재료

오징어먹물 스파게티 2인분
그린 올리브 5알
레몬즙 ¼개 분량
파르메산치즈가루 조금
후추 조금

[바질페스토]
바질잎 2컵
잣 ⅓컵
파르메산치즈가루 ½컵
엑스트라버진 올리브오일 ¾컵
다진 마늘 ½큰술
소금 ⅛작은술
후추 조금

국수 만들기

❶ 믹서에 바질페스토 재료를 모두 넣고 간다. 이때 올리브오일은 2번에 나눠 넣고, 파르메산치즈가루는 마지막에 넣는다.
❷ 그린 올리브는 동글납작하게 썬다.
❸ 스파게티는 삶아서 찬물에 헹구고, 올리브오일로 살짝 버무려놓는다.
❹ 스파게티를 그릇에 담고 바질페스토 3큰술과 올리브를 올린다. 위에 파르메산치즈가루와 레몬즙과 후추를 뿌린다.

시치미 파스타

일본 식재료인 시치미를 듬뿍 뿌려 먹는
색다른 맛의 파스타를 만들어보세요.
은은하게 매운맛이 매력적인 냉파스타입니다.

재료

스파게티 2인분
토마토 ½개
칵테일새우 ½컵
양배추 3장
양파 ¼개
청양고추 2개
홍고추 1개
시치미 ½큰술

[소스]
간장 2큰술
식용유 2큰술
참치액젓 1큰술
식초 1큰술
설탕 2작은술
소금·후추 조금씩

국수 만들기

❶ 양파와 양배추는 곱게 채 썰고, 토마토는 반달모양으로 썰며, 청양고추와 홍고추는 동글납작하게 썬다.
❷ 칵테일새우는 끓는 물에 살짝 데친다.
❸ 소스는 재료를 모두 섞고, 스파게티는 삶아서 찬물에 헹군다.
❹ 스파게티에 양파, 양배추, 토마토, 고추, 칵테일새우를 넣고 소스를 뿌려 가볍게 버무린다.
❺ 그릇에 다른 재료들과 버무려둔 스파게티를 담고 시치미를 듬뿍 뿌린다.

05

우동 & 메밀국수

UDON &
BUCKWHEAT
NOODLES

우동 & 메밀국수

우동 & 메밀국수 이야기

일반적으로 메밀의 색이 검은색이라고 생각하는데, 메밀가루는 등급이 높을수록 흰색을 띤다.
점성이 적어서 국수를 만들 때 점성을 늘리기 위해 어느 정도 밀가루를 넣기도 한다.
메밀의 쌉쌀한 맛을 즐기려면 건면보다는 생면이 좋은데, 생면은 삶는 시간도 짧고 메밀의 향이 더 좋다.
단, 메밀가루는 반죽을 해서 국수를 만들어놓으면 금방 메밀 고유의 맛이 없어지므로
생면인 경우 빨리 먹는 것이 좋다. 메밀국수 중에는 녹찻가루를 넣어 짙은 녹색을 띠는 것도 있다.

흔히 우동이라고 하면 따뜻하게 먹는다고 생각하지만,
탱탱하고 오동통한 우동의 면발은 찬국수로도 잘 어울린다.
종류에는 건면, 숙면, 냉동면 등이 있으며, 우리나라에서는 숙면이 일반적이다.
우동의 맛은 쫄깃한 면발이 좌우하므로 우동을 한 번에 많이 삶지 말고
큰 냄비에 조금씩 삶도록 한다. 우동이 다 익으면
반드시 차가운 얼음물에 잘 씻어야 쫄깃한 식감을 살릴 수 있으며,
우동 표면에 있는 녹말기를 제거해야 맛이 더 깔끔하다.

우동 & 메밀국수 종류

메밀 건면

메밀 굵은 건면

녹차메밀면

메밀 생면

우동 냉동면

우동 숙면

우동 건면

먹는 방식에 따라 다른 우동 & 메밀국수 요리

일본 음식점이나 일본 여행에서 자루, 가케, 붓카케,
쓰케 등과 같은 이름의 메뉴를 심심치 않게 볼 수 있다.
이것은 먹는 방식에 따라 붙여진 이름으로,
그 차이점에 대해 정확히 알아본다.

자루 대나무발 등에 국수를 담아 먹는다. 국수와 장국을 따로 담아 내서
국수를 장국에 말아 먹지 않고 찍어 먹는데,
대표적인 것이 판메밀이다.

가케 우리가 흔히 알고 있는 국물 있는 우동이다.
국수를 육수에 넣어 말아 먹는다.

붓카케 '세차게 뿌리다, 끼얹다'는 의미로,
가케에 비해 육수의 양이 적고 끼얹어서 비벼 먹는다.

쓰케 미소, 참기름, 참깨 등으로 깊은 맛을 낸 적은 양의 육수에
국수를 찍어 먹는다. 자루와 비슷한데 자루는
주로 메밀국수와 우동에, 쓰케는 주로 라면에 붙는다.

우동 삶기

1. 냄비에 우동의 3배 되는 물을 넣고 끓인다.

2. 끓기 시작하면 우동을 넣고 식초를 몇 방울 떨어뜨린다.

3. 우동이 부드러워지기 시작하면 젓가락으로 면발을 풀어준다.

4. 우동을 넣고 2분 정도 끓인 뒤 물을 따라내고, 준비한 얼음물에 우동만 넣는다.

5. 우동 표면에 녹말기가 없게 씻는다.

6. 체에 받쳐서 여러 번 털어 물기를 제거한다.

2

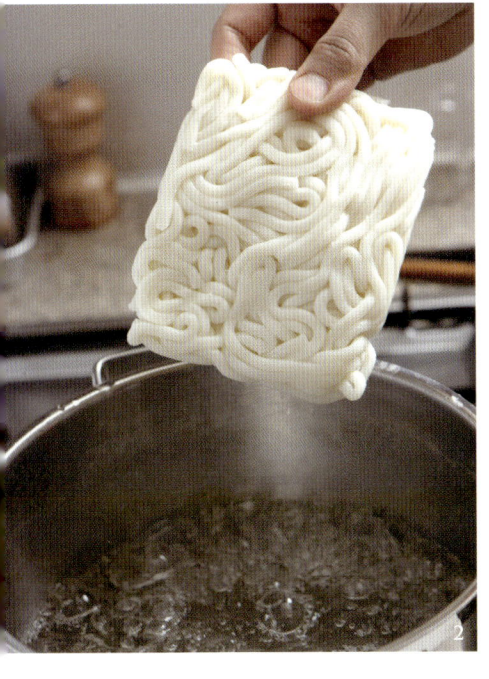

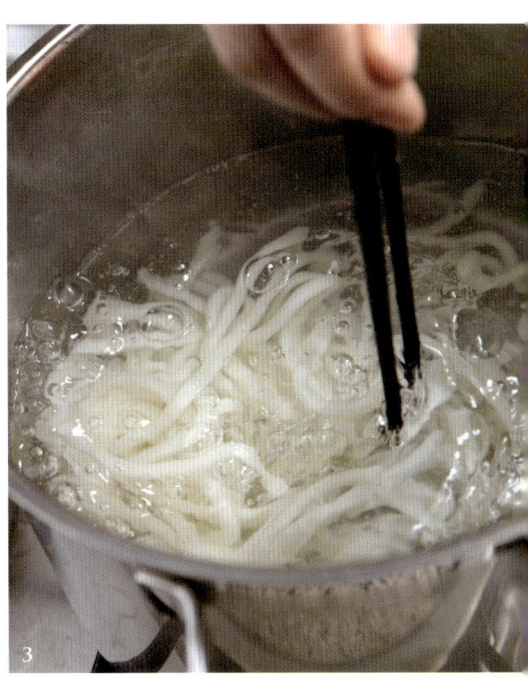

TIP.

우동을 삶을 때
식초를 넣으면 식초가
밀가루 반죽의 글루텐 성분을
느슨하게 만들어 그 사이로
물이 스며들어가기 때문에
우동이 매끄럽고 투명해진다.

3

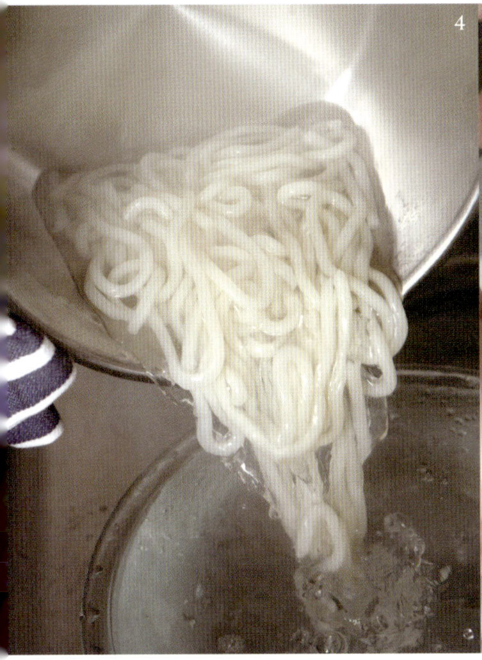
4

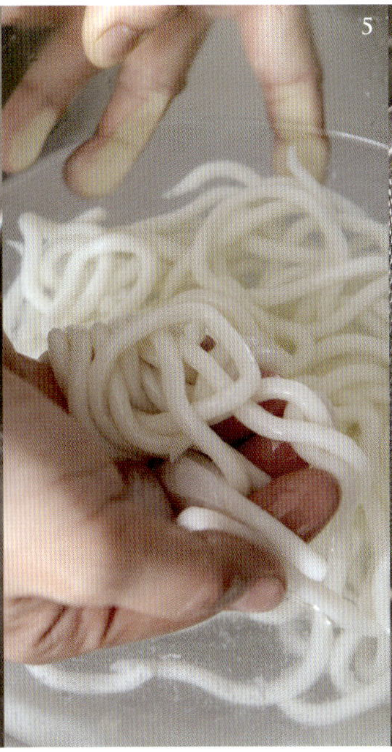
5

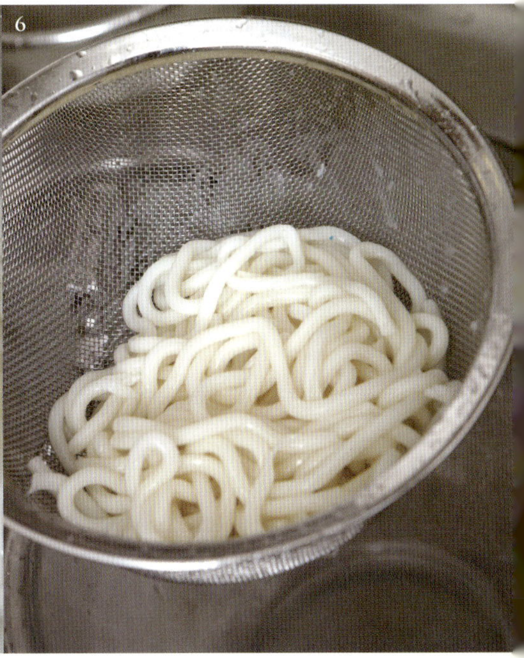
6

메밀국수 삶기

1. 국수를 삶기 전에 뭉치지 않도록 털어서 흩어놓는다.

2. 냄비에 국수의 5배 되는 물을 넣고 끓여서 국수를 흩어 넣는다.

3. 긴 젓가락으로 저어가면서 끓인다.

4. 끓어오르면 찬물을 ½컵 붓는다. 이것을 2~3회 반복한다.

5. 흐르는 찬물에 국수를 손으로 비비듯이 문질러 씻어 끈적한 녹말기를 없앤다.

6. 국수가 서로 붙지 않도록 타래를 지어 체에 받친다.

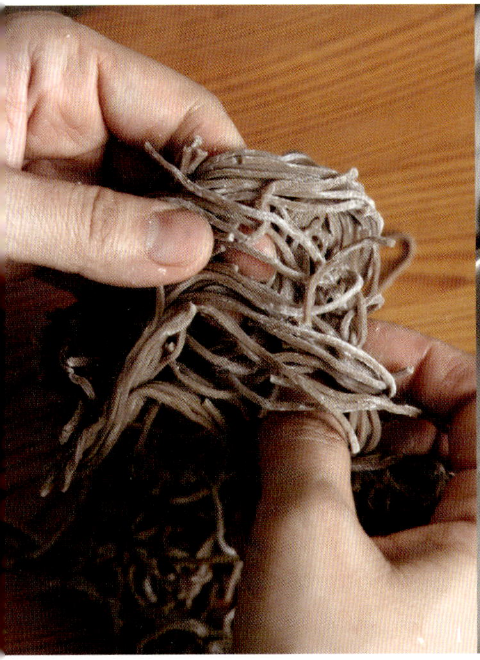
1

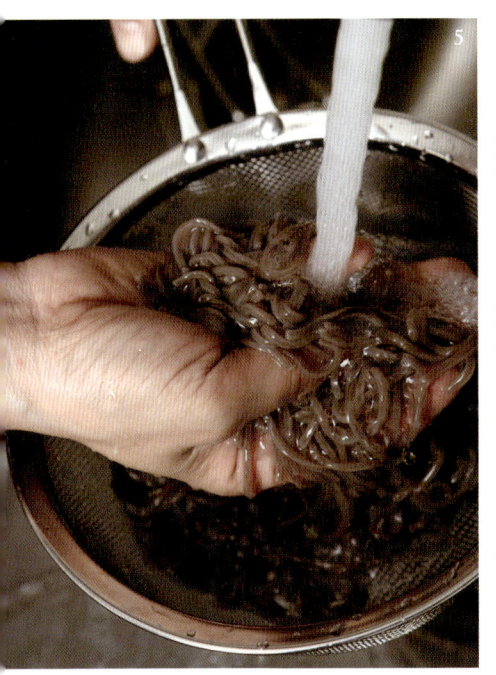

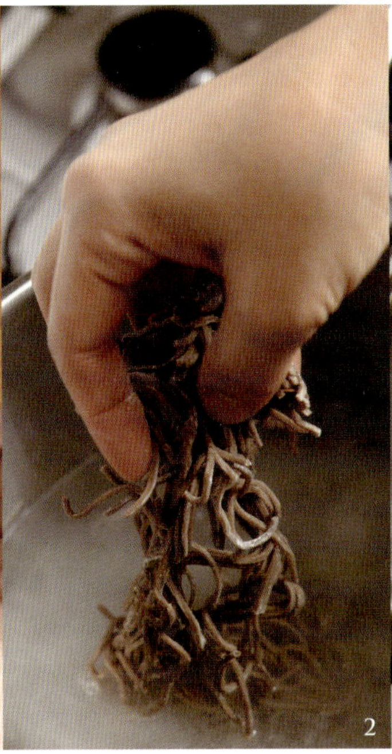
2

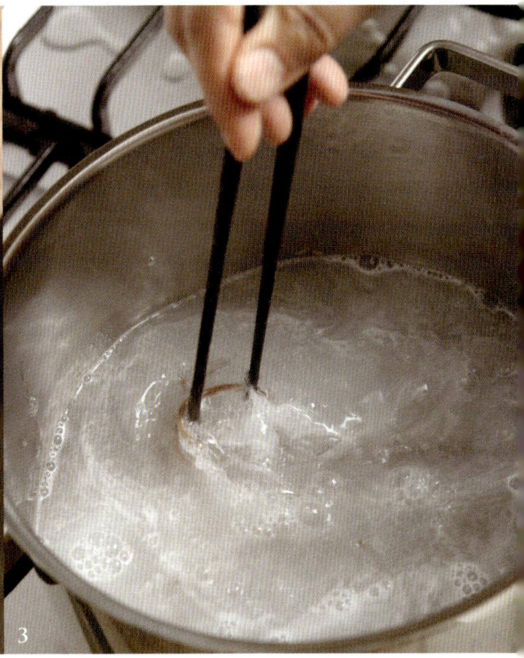
3

5

TIP.

메밀 생면은
물을 충분히 넣고 끓여서
강한 불에 재빨리 삶는다.
물을 넉넉하게 넣어야
찬물을 부었을 때 물의 온도가
많이 내려가지 않는다.
메밀 건면은 삶는 방법이
소면과 같다.

6

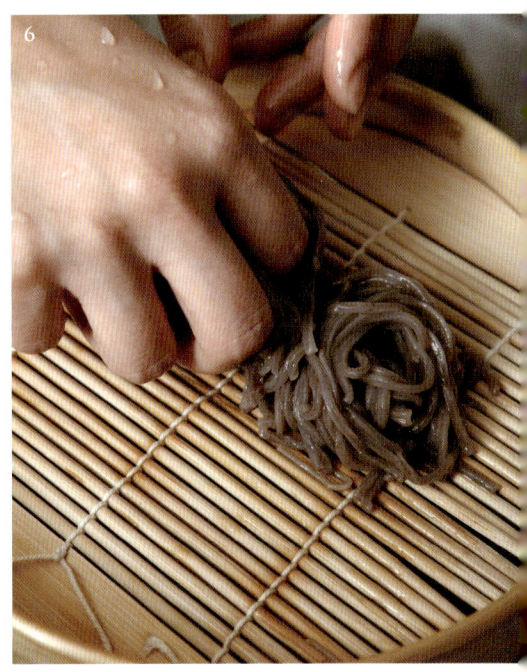

수란시금치우동

우동의 부드러운 면발과
반숙으로 익힌 수란이 잘 어울리는 맛이에요.
짭짤한 베이컨과 파르메산치즈로 맛에 포인트를 줍니다.

재료

우동 2인분
베이컨 4장
시금치 ½줌

달걀 2개
파르메산치즈가루
　　　　　조금
후추 조금

[소스]
가쓰오부시 육수 6큰술
쯔유 3큰술
레몬즙 2큰술
맛술 1½큰술

설탕 1작은술
생강편 3개

국수 만들기

❶ 베이컨은 1㎝ 폭으로 잘라서 팬에 바삭하게 굽고, 시금치는 2등분한다.
❷ 달걀은 수란을 만든다.
❸ 소스 재료를 모두 섞어놓고, 우동은 삶아서 찬물에 헹군다.
❹ 우동을 그릇에 담고 시금치, 베이컨, 수란을 올린 다음 파르메산치즈가루와 후추를 뿌린다.
❺ 소스에서 생강을 건져내고 우동에 뿌린다.

해물우동샐러드

여러 가지 해물을 우동과 함께 버무려
식사용, 안주용으로 드셔보세요.
맛있고 푸짐해서 좋은 훌륭한 일품요리입니다.

재료

우동 2인분
중하 새우 6마리
오징어 ½마리
해초 ½컵
어린잎채소 2줌
레몬즙 조금

[소스]
해선장 2큰술
맛술 2큰술
레몬즙 1큰술
다진 마늘 1작은술
고추기름 1작은술

국수 만들기

❶ 새우는 껍질을 벗기고 살짝 데쳐서 레몬즙을 조금 뿌려둔다.
❷ 오징어는 칼집을 내서 살짝 데친 다음 2㎝×5㎝ 크기로 자른다.
❸ 소스 재료를 모두 섞고, 우동은 삶아서 찬물에 헹군다.
❹ 우동을 그릇에 담고 새우, 오징어, 해초, 어린잎채소를 올린 다음 소스를 뿌린다.

우동 & 메밀국수

명란비빔우동

짭조름한 명란만 있으면
별다른 양념이 필요 없습니다.
명란 알이 국수에 고루 잘 섞이게 버무려주세요.

재료

우동 2인분
명란 1½덩어리
실파 1대

가쓰오부시 2큰술
김 ½장
무순 조금

[양념]
참기름 1큰술
쓰유 2작은술
설탕 1작은술

국수 만들기

① 명란은 껍질을 벗겨서 양념 재료와 섞는다.
② 실파는 송송 썰고, 김은 곱게 채 썬다.
③ 우동은 삶아서 찬물에 헹군다.
④ 우동에 양념으로 버무린 명란을 넣어 가볍게 섞는다.
⑤ 명란과 섞은 우동을 그릇에 담고 실파, 김, 무순, 가쓰오부시를 얹는다.

우동 & 메밀국수

깨소스 우동

고소한 맛의 땅콩소스는
해산물이나 육류에 모두 잘 어울리는 소스입니다.
일본된장 미소를 넣어서 감칠맛을 살립니다.

재료

우동 2인분
칵테일새우 10개
오이 ½개

방울토마토 4개
미나리 ½줌
삶은 달걀 2개
[소스]
땅콩버터 1½큰술

미소 ½큰술
다시마육수 2큰술
식초 2큰술
맛술 ½큰술
쓰유 1작은술

시치미 1작은술
통깨 1작은술
설탕 1작은술
소금 조금

국수 만들기

❶ 새우는 끓는 물에 살짝 데친다.
❷ 오이는 어슷하게 썰고, 방울토마토는 2등분하며, 미나리는 3㎝ 길이로 자른다.
❸ 삶은 달걀은 0.5㎝ 두께로 얇게 썬다.
❹ 소스 재료를 모두 섞고, 우동은 삶아서 찬물에 헹군다.
❺ 우동을 그릇에 담고 삶은 달걀, 새우, 오이, 방울토마토, 미나리를 올린 다음 소스를 끼얹는다.

샤브샤브 우동

샤브샤브용 쇠고기를 끓는 물에 살짝 데쳐서
얼음 동동 띄운 차가운 얼음물에 퐁당!
쇠고기의 쫄깃한 식감을 살려 우동에 곁들입니다.

재료

우동 2인분
샤브샤브용 쇠고기 100g
깻잎 3장
무순 조금
달걀지단 조금
가쓰오부시 조금

[소스]
가쓰오부시육수 4큰술
간장 4큰술
식초 4큰술
맛술 1½큰술
레몬즙 1½큰술
겨자 1작은술
생강즙 1작은술

국수 만들기

❶ 샤브샤브용 쇠고기를 끓는 물에 살짝 데쳐 얼음물에 헹구고, 물기를 제거한다.
❷ 소스 재료를 모두 섞은 다음, 쇠고기에 소스를 조금만 넣고 버무려서 냉장고에 넣어둔다.
❸ 깻잎은 곱게 채 썰고, 우동은 삶아서 찬물에 헹군다.
❹ 우동을 그릇에 담고 쇠고기, 달걀지단, 무순, 깻잎, 가쓰오부시를 올린 다음 남은 소스를 뿌린다.

낫토소바

낫토의 구수한 맛을 국수와 함께 즐겨보세요.
고추냉이와 김치를 넣어
낫토가 익숙하지 않은 사람도 OK!

재료

메밀국수 2인분
낫토 2팩
치커리 4장
송송 썬 배추김치 1컵
무순·김채 조금씩

[김치양념]
참기름 2작은술
설탕 1작은술

[비빔소스]
굴소스 3큰술
식초 2큰술
맛술 2큰술
고추냉이 1작은술
설탕 1작은술

국수 만들기

1. 치커리는 한입 크기로 자르고, 낫토는 비벼놓는다.
2. 김치는 김치양념을 넣어 버무린다.
3. 비빔소스 재료를 모두 섞고, 메밀국수는 삶아서 찬물에 헹군다.
4. 메밀국수를 그릇에 담고 김치, 낫토, 치커리, 무순, 김채를 올린 다음 비빔소스를 뿌린다.

우동 & 메밀국수

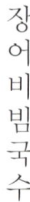
장어비빔국수

보기에 든든하고 먹으면 더욱 든든한 장어.
한여름 힘이 불끈 솟는 완소 아이템 장어에 마즙까지 더해
건강에도 최고입니다.

재료

메밀국수 2인분
시판 데리야키장어
1마리
붉은 초생강 조금
래디시 1개
무순 조금
마즙 2큰술
송송 썬 실파 2큰술

[양념장]
간장 3큰술
식초 1큰술
레몬즙 1큰술
오일(식용유) 1큰술
고추냉이 ½작은술
설탕 1작은술
참기름 1작은술

국수 만들기

① 래디시와 붉은 초생강은 곱게 채 썬다.
② 장어는 따뜻하게 데워서 한입 크기로 자른다.
③ 양념장 재료를 모두 섞고, 메밀국수는 삶아서 찬물에 헹군다.
④ 메밀국수를 양념장으로 버무려 그릇에 담고 장어, 마즙, 래디시, 무순, 실파, 붉은 초생강을 올린다.

우동 & 메밀국수

초계국수

차게 해서 시원하게 먹는 영양 듬뿍 국수요리.
닭고기로 만든 육수의 깊은 맛에
고소한 잣과 톡 쏘는 겨자를 더한 최고의 맛입니다.

재료

메밀국수 2인분
삶은 닭고기살 잘게 찢은 것 1컵
오이 ½개
배 ¼개
다진 잣가루 2큰술
소금 2큰술
후추 조금

[국물]
닭고기육수 2컵
국간장 1큰술
식초 1큰술
겨자 1작은술
설탕 ⅓큰술
소금 1작은술

국수 만들기

❶ 오이는 반으로 갈라 씨를 제거한 다음, 어슷 썰어 소금에 절인다.
❷ 배는 채 썰고, 잘게 찢은 닭고기살은 소금과 후추로 버무려둔다.
❸ 국물 재료는 모두 섞어서 냉동실에 넣어 차게 만들고, 메밀국수는 삶아서 찬물에 헹군다.
❹ 메밀국수를 그릇에 담아 준비한 닭고기, 오이, 배를 올리고 국물을 부은 다음 잣가루를 뿌린다.

우동 & 메밀국수

메밀장국과 막국수양념장

메밀장국과 막국수양념장은 시중에서 손쉽게 구할 수 있다. 그러나 쉽고 건강하게 만들어 먹을 수 있는 장국과 양념장 레시피만 있으면 집에서 만드는 것도 그다지 어렵거나 번거로운 일이 아니다. 만들어서 보관해두었다가 메밀장국으로 판메밀, 냉우동, 냉메밀 등을 만들고, 막국수양념장으로는 강원도막국수, 쟁반국수 등을 만들어 손맛을 더해보자.

메밀장국

[육수] 다시마 10cm×10cm 1장, 가쓰오부시 2컵(10g), 물 1ℓ
[장국] 육수 600㎖, 간장 8큰술, 맛술 8큰술, 황설탕 2큰술

1 물 1ℓ에 다시마를 넣고 끓이는데, 끓기 시작하면 다시마를 건져내고 불을 끈다.
2 가쓰오부시를 넣고 뚜껑을 덮어 2시간 이상 두었다가 체에 거른다.
3 육수 300㎖ : 간장 4큰술 : 맛술 4큰술 : 황설탕 1큰술의 비율로 섞어서 장국을 만든다.

막국수양념장

파인애플 링모양 1개, 사과 ¼조각(30g), 배 ¼조각(60g), 고춧가루 3큰술, 설탕 2큰술, 멸치액젓 1½큰술, 식초 4큰술, 고추장 1큰술, 다진 마늘 1큰술, 겨자 ½큰술, 생강즙 ½작은술, 참기름 2큰술

1 파인애플은 토막을 내고, 사과와 배는 껍질을 벗긴다.
2 믹서에 파인애플, 사과, 배를 넣고 설탕, 멸치액젓, 식초, 고추장, 다진 마늘, 겨자, 생강즙을 함께 넣어 곱게 간다.
3 곱게 간 재료들에 고춧가루와 참기름을 넣어 골고루 섞는다. 냉장고에서 2일 정도 숙성시켜 사용한다.

우동 & 메밀국수

강원도 막국수

메밀국수를 매운 양념에 개운하게 비벼먹는
강원도의 대표 국수입니다.
마지막에 동치미 국물을 부어 먹으면 더 개운해요.

재료

메밀국수 2인분
적상추 4장
오이 ½개
김 2장
들깻가루 2큰술
막국수양념장 ½컵

국수 만들기

❶ 상추는 한입 크기로 자르고, 오이는 곱게 채 썬다.
❷ 김은 살짝 구워서 부수어 김가루를 만들고, 메밀국수는 삶아서 찬물에 헹군다.
❸ 메밀국수를 그릇에 담고 양념장을 넣은 다음 상추, 김가루, 오이채, 들깻가루를 올린다.

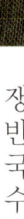# 쟁반국수

큰 접시에 갖가지 채소와 국수를 담아
매콤 새콤하게 비벼 먹는 재미가 있는 쟁반국수.
마지막에 땅콩가루를 솔솔 뿌려주세요.

재료

메밀국수 2인분
상추 4장
적양배추 3장
오이 ¼개
배 ¼개
삶은 달걀 1개
냉면무 ½컵
굵게 다진 땅콩 2큰술
막국수양념장 6큰술
매실액 1큰술

국수 만들기

① 상추, 적양배추, 배는 곱게 채 썰고, 오이는 어슷 썬다.
② 삶은 달걀을 2등분하고, 막국수양념장에 매실액을 넣어 섞는다.
③ 메밀국수는 삶아서 찬물에 헹군다.
④ 접시에 메밀국수, 상추, 적양배추, 오이, 배, 냉면무, 삶은 달걀을 가지런히 돌려 담고 양념장을 얹는다.
⑤ 마지막에 굵게 다진 땅콩을 뿌린다.

우동 & 메밀국수

판메밀

깔끔하고 시원한 장국에 메밀국수를 적셔 먹는 판메밀.
특별한 재료 없이, 장국 하나만으로도 한 그릇 뚝딱 먹을 수 있는
오래도록 사랑 받는 메뉴입니다.

재료

메밀국수 2인분
실파 2대
무 간 것 3큰술
김채 조금
고추냉이 조금
메밀장국 2컵

국수 만들기

1. 메밀장국을 냉동실에 넣어 살얼음이 생기게 얼린다.
2. 실파는 송송 썰고, 메밀국수는 삶아서 찬물에 헹군다.
3. 메밀국수를 그릇에 담고 위에 김채를 올린 다음 실파, 무 간 것, 고추냉이와 함께 장국을 곁들여 낸다.

TIP 메밀국수는 삶아서 한 젓가락씩 집어 먹기 좋게 타래를 지어놓으면 편리하다. 그릇에 1인분씩 담지 않고 큰 접시에 모아 담아, 가운데 놓고 원하는 대로 먹게 하는 것도 좋은 방법이다.

냉
메
밀

국물에 적셔 먹는 판메밀과 비슷한 듯 다른 냉메밀.
새우튀김을 바삭하게 튀겨 올려 더 든든한,
가슴까지 시원해지는 한여름 메밀국수입니다.

재료

메밀국수 2인분
냉동 새우튀김 4개
무 간 것 3큰술
무순 조금
김채 조금
고추냉이 조금
메밀장국 3컵

국수 만들기

① 냉동 새우튀김을 바삭하게 튀긴다.
② 메밀장국은 냉동실에서 살얼음이 생기게 얼리고, 메밀국수는 삶아서 찬물에 헹군다.
③ 메밀국수를 그릇에 담고 새우튀김, 무 간 것, 무순, 김채, 고추냉이를 올린 다음 살얼음이 생긴 장국을 붓는다.

냉우동

우동을 찬 메밀장국에 담그면 면발이 더 탱탱해집니다.
메밀국수와는 또 다른 맛을 느낄 수 있는
시원한 여름 별미국수입니다.

재료

우동 2인분
오이 ¼개
중하 새우 6마리
김채 조금
송송 썬 대파 조금
쑥갓 조금
메밀장국 3컵

국수 만들기

❶ 오이는 채 썰고, 새우는 끓는 물에 살짝 데친다.
❷ 메밀장국은 냉동실에서 살얼음이 생기게 얼리고, 우동은 삶아서 찬물에 헹군다.
❸ 우동을 그릇에 담아 새우, 오이채, 대파, 김채, 쑥갓을 올리고 메밀장국을 붓는다.

06

기타국수

OTHERS

기타국수

기타국수 이야기

소면, 라면, 냉면, 파스타, 우동, 메밀국수 외에도 국수 종류는 매우 다양하다.
당면만 해도 흔히 잡채만 만든다고 생각하여 국수로 만들어 먹을 생각을 잘 안 하는데,
사실 그 모양이나 맛은 국수로도 손색이 없다. 게다가 쫄깃하고 쉽게 붙지 않는다는
장점도 있다. 고정관념을 갖고 있는 국수 중에 또 하나가 칼국수로,
국물과 함께 뜨겁게 끓여 먹어야 한다고 생각하는 경우가 많다. 그러나 차게 비벼 먹으면
쫄깃하고 씹는 맛이 있어 색다른 맛을 경험할 수 있다.

쫄깃함을 넘어 질기기까지 한 쫄면은 질긴 면을 이로 끊어 먹는 재미가 있으며,
질긴 식감을 살려 요리하는 것이 제대로 즐기는 방법이다.
실곤약은 다이어트에 탁월한 식재료로,
늦은 저녁 야식이 생각날 때 국수로 만들어 먹으면 좋다.
최근에 많이 알려진 쌀국수는 동남아시아의 대표적인 국수로,
국내에서도 쉽게 구할 수 있으므로 다양한 요리에 활용하면 좋다.
굵기에 따라 종류도 다양한데, 찬국수에는 가는 국수가 잘 어울린다.
그렇다고 굳이 굵기를 구분하여 사용하지 않아도 된다.
부드럽고 쌀로 만들어 소화도 잘 되므로 취향에 따라, 상황에 따라 사용하면 된다.

국수 종류는 이처럼 우리가 알고 사용하는 것들 외에도 매우 다양한 종류가 있다.
그 종류들을 모두 맛보기는 어렵겠지만, 구하기 쉽고 친숙한 몇몇 종류부터 시작해
조금은 색다르게 즐길 수 있는 다양한 국수 요리를 만들어보자.

기타국수 종류

당면

녹두, 감자, 고구마 등의 녹말가루로 만드는 건조 국수. 잡채나 국물요리에 사용하는 것이 일반적이지만, 국수로도 다양하게 활용한다.

센야이

폭이 넓은 쌀국수로 5㎜와 10㎜ 2종류가 있다. 주로 볶음국수에 사용한다.

센미

'버미셀리'라고도 하며 샐러드, 스프링롤 등에 사용한다.

센레크

중간 폭의 쌀국수로 1㎜와 3㎜ 2종류가 있다. 주로 국물국수에 사용한다.

칼국수

•

칼로 썰어 만드는 절면切麵의
대표적인 국수이다.
삶을 때 덧가루를
충분히 털어내고 삶는다.

현미면

•

현미 본연의 맛을 살린 국수로
구수하고 쫄깃한 식감이 있다.

쫄면

•

소면보다 면발이
굵고 질긴 것이 특징이다.
붙어 있는 국수 가락을
손으로 비벼 떼서 삶는다.

실곤약

•

곤약을 국수처럼 만든
식물성 저칼로리 식품이다.
칼로리는 낮추고 포만감은 높여
다이어트용 국수로 좋다.

쌀국수 삶기

1. 쌀국수는 일반 밀가루 국수와 달리
   미지근한 물에 20분 정도 담가 부드럽게 불려서 사용한다.

2. 끓는 물에 불린 쌀국수를 넣는다.
   이때 식초를 몇 방울 넣어주면 국수가 더 부드러워진다.

3. 서로 붙지 않도록 젓가락으로 젓는다.

4. 흐르는 물에 재빨리 국수를 식힌다.

5. 체에 밭쳐서 여러 번 털어 물기를 뺀다.

기타국수

버미셀리

가는 쌀국수에 불고기를 넣어 레몬즙을 뿌려 먹는
동남아시아풍 국수요리입니다.
취향에 따라 고수를 듬뿍 올려도 좋아요.

재료

쌀국수 2인분
불고기용 쇠고기 200g
파프리카 ½개/고수 조금

양파·오이 ¼개씩
파인애플 링모양 1개
레몬 2조각
[불고기양념]
간장 1½큰술

설탕 1큰술
다진 파·마늘 1작은술씩
참기름 2작은술
[소스]
레몬즙 4큰술/설탕 2큰술

피시소스 1큰술
간장 2작은술
참기름 1작은술
다진 청양고추 1큰술
다진 홍고추 1큰술

국수 만들기

1. 쇠고기는 불고기양념으로 버무려 볶는다.
2. 파프리카, 양파, 오이는 곱게 채 썰고, 파인애플은 한입 크기로 자른다.
3. 소스 재료를 모두 섞고, 쌀국수는 삶아서 찬물에 헹군다.
4. 쌀국수와 함께 불고기, 양파, 오이, 파프리카를 그릇에 담고 고수를 올린 다음, 소스를 끼얹고 레몬즙을 뿌린다.

차돌냉쌀국수

구운 차돌박이를 넣어 만드는
색다른 느낌의 쌀국수.
간장소스로 차돌박이의 느끼함을 잡아주세요.

재료

쌀국수 2인분
차돌박이 100g
노란 파프리카 ¼개
치커리 3장
소금·후추 조금씩

[소스]
간장 2큰술
식초 1큰술
오일(식용유) 1큰술
올리고당 ½큰술
레몬즙 ½큰술
다진 마늘 1작은술
겨자 1작은술
통깨 조금

국수 만들기

❶ 파프리카는 가늘게 채 썰고, 치커리는 한입 크기로 자른다.
❷ 차돌박이는 소금, 후추를 살짝 뿌려서 굽는다.
❸ 소스 재료를 모두 섞고, 쌀국수는 삶아서 찬물에 헹군다.
❹ 쌀국수를 차돌박이와 함께 그릇에 담고 파프리카, 치커리를 올린 다음 소스를 뿌린다.

얌
운
센

고추장이나 고춧가루 대신
피시소스와 고추기름으로 맛을 낸 매콤 소스 비빔국수.
샐러드나 술안주로도 좋은 푸짐한 국수요리입니다.

재료

쌀국수 2인분
칵테일새우 1컵
빨간 파프리카 ¼개
노란 파프리카 ¼개
오이·양파 ¼개씩
청양고추 1개
홍고추 ½개
땅콩가루 2큰술

[소스]
현미유 2큰술
고추기름 2큰술
식초 3큰술
두반장 1½큰술
맛술 1큰술
올리고당 1큰술
간장·설탕 2작은술씩
피시소스 2작은술
다진 마늘 조금

국수 만들기

1. 칵테일새우는 끓는 물에 살짝 데친다.
2. 양파, 오이, 파프리카는 가늘게 채 썰고, 청양고추와 홍고추는 동글납작하게 썬다.
3. 소스 재료를 모두 섞고, 쌀국수는 삶아서 찬물에 헹군다.
4. 쌀국수를 칵테일새우, 양파, 오이, 파프리카, 청양고추, 홍고추와 함께 소스에 버무려 그릇에 담고 땅콩가루를 뿌린다.

TIP 현미유가 없으면 포도씨유나 카놀라유를 쓰고, 피시소스가 없으면 멸치액젓이나 참치액젓도 좋다.

기타국수

비빔곤약면

칼로리가 낮아 다이어트 음식으로 좋은 곤약.
국수모양의 실곤약을 해초와 함께 비비면
부담 없이 야식용으로 먹기 좋아요.

재료

실곤약 100g
토마토 ¼개
오이 ½개
해초 ½컵

[양념장]
간장 1큰술
참치액젓 1큰술
식초 2큰술
설탕 2작은술
통깨 1작은술
참기름 1작은술
소금 조금

국수 만들기

❶ 실곤약은 끓는 물에 살짝 데쳐서 찬물에 헹궈 물기를 뺀다.
❷ 토마토는 반달모양으로 썰고, 오이는 필러를 이용해 길이로 얇게 편썰기한다.
❸ 양념장 재료를 모두 섞는다.
❹ 실곤약을 토마토, 오이, 해초와 함께 가볍게 섞어 그릇에 담고, 양념장을 곁들여 낸다.

골뱅이 쫄면

쫄면을 쫄깃하게 삶는 것이 포인트!
쫄면을 손으로 비벼서 가닥 가닥 풀어 끓는 물에 넣고,
투명해지면 바로 꺼내 찬물에 담가 면발을 탱탱하게 만듭니다.

재료

쫄면 2인분
골뱅이 작은 통 1캔
양배추 2장
양파 ½개
당근 ¼개
오이 ¼개
대파 흰대 1대
검은깨 조금

[양념장]
고추장 4큰술
사이다 4큰술
식초 3큰술
설탕 2큰술
고춧가루 1큰술
간장·참기름 1큰술씩
올리고당 1큰술
다진 마늘 조금
생강즙 조금

국수 만들기

1. 골뱅이는 2등분한다.
2. 대파와 양파는 곱게 채 썰고, 오이는 어슷 썰며, 당근과 양배추는 1㎝×5㎝ 크기로 썬다.
3. 양념장 재료를 모두 섞고, 쫄면은 삶아서 찬물에 헹군다.
4. 쫄면은 골뱅이, 양파, 오이, 당근, 양배추와 함께 양념장으로 버무려 그릇에 담는다. 위에 대파채를 올리고 검은깨를 뿌린다.

비빔칼국수

칼국수를 비벼 먹는다?
굵은 칼국수의 면발과 쫄깃한 식감이 어우러져
씹는 맛이 일품인 매력적인 국수입니다.

재료

칼국수 2인분
송송 썬 배추김치 1컵
김 2장

송송 썬 실파 조금
대파채 조금
통깨 조금
[김치양념]
참기름 2작은술

설탕 1작은술
고춧가루 1작은술
통깨 조금
[양념장]
고추장 1큰술

고춧가루 1큰술
맛술 1큰술
식초 1큰술
올리고당 ½큰술
설탕 1작은술

국수 만들기

1. 배추김치에 김치양념을 넣어 버무린다.
2. 김은 살짝 구워서 부순다.
3. 양념장 재료를 모두 섞고, 칼국수는 삶아서 찬물에 헹군다.
4. 칼국수에 배추김치와 양념장을 넣고 버무려 그릇에 담고, 송송 썬 실파와 대파채를 올린 다음 김가루와 통깨를 뿌린다.

기타국수

부산비빔당면

부산 먹자골목의 명물 비빔당면.
살짝 데친 당면을 국수처럼 비벼서 차게 먹는
색다른 방법의 당면 레시피입니다.

재료

당면 150g
시금치 1줌
사각어묵 1장

당근 ⅙개
단무지 1도막(5㎝길이)
김가루 1줌
참기름 조금
오일(식용유) 조금

[양념장]
간장 2큰술
고춧가루 2큰술
고추장 2큰술
다진 파 1큰술

다진 마늘 ½큰술
설탕 ½큰술
통깨 조금
후추 조금

국수 만들기

1. 시금치는 끓는 물에 살짝 데쳐서 찬물에 헹구고, 당근과 어묵과 단무지는 곱게 채 썬다.
2. 팬에 오일을 조금 두르고 당근과 어묵을 각각 볶는다.
3. 당면은 찬물에 30분 정도 불렸다가 끓는 물에 2~3분 살짝 데쳐서 찬물에 헹군다.
4. 양념장 재료를 모두 섞는다.
5. 당면을 시금치, 당근, 어묵, 단무지와 함께 양념장으로 가볍게 버무려 그릇에 담고, 참기름과 김가루를 뿌린다.

묵국수

묵을 가늘게 채 썰어 만드는 이색 국수.
도토리묵이나 청포묵이나 올방개묵, 무엇이든 좋아요.
목으로 후루룩 넘어가는 맛이 일품입니다.

재료

도토리묵 200g
오이 ¼개
송송 썬 배추김치 ½컵
김채 조금
참기름 조금
통깨 조금

[국물]
멸치육수 2컵
국간장 1큰술
식초 3큰술
설탕 2큰술
참치액젓 ½큰술
소금 조금

국수 만들기

1. 도토리묵은 가늘고 길게 채 썬다.
2. 오이는 곱게 채 썰고, 배추김치는 참기름을 넣어 조물조물 무친다.
3. 국물은 재료를 모두 섞어 냉동실에서 살얼음이 생기게 얼린다.
4. 채 썬 도토리묵을 그릇에 담고, 김치와 오이를 얹은 다음 국물을 붓는다. 위에 김채를 올리고 통깨를 뿌린다.

찬국수

펴낸이	유재영
펴낸곳	그린홈
요 리	용동희
사 진	한정선
요리 어시스턴트	이현경, 김지수
기 획	이화진
책임편집	이화진
편 집	김기숙
디자인	전지영·정민애
협 찬	무겐몰 www.mugenmall.com I 02-706-0350 키엔호 www.kienho.com I 02-717-6750 ㈜대왕 www.idaewang.com I 055-391-2111

1판 1쇄 2014년 5월 10일
1판 3쇄 2014년 8월 11일

출판등록 1987년 11월 27일 제10-149
주 소 121-884 서울 마포구 토정로 53(합정동)
전 화 324-6130, 6131
팩 스 324-6135
E-메일 dhsbook@hanmail.net
홈페이지 www.donghaksa.co.kr
         www.green-home.co.kr

ISBN 978-89-7190-450-3 13590

◆ 잘못된 책은 바꾸어드립니다.
◆ 이 책은 저작권법에 따라 보호를 받는 저작물이므로 무단전재나 복제, 광전자매체 수록 등을 금합니다.
◆ 이 책의 내용과 사진, 그림의 저작권 문의는 동학사(그린홈)로 해주십시오.

Green Home은 자연과 함께 하는 건강한 삶, 반려동물과의 감성 교류, 내 몸을 위한 치유 등 지친 현대인의 생활에 활력을 주고 마음을 힐링시키는 자연주의 라이프를 추구합니다.